Ne dis rien à personne

Marianne Marsh
avec Toni Maguire

Ne dis rien à personne

Traduit de l'anglais
par Maryline Beury

ÉDITIONS FRANCE LOISIRS

Titre originial : *Helpless*.
Publié en Grande-Bretagne par Harper Element, un département de HarperCollins Publishers Ltd.

Édition du Club France Loisirs,
avec l'autorisation des Éditions City.

Éditions France Loisirs,
123, boulevard de Grenelle, Paris.
www.franceloisirs.com

ISBN : 978-2-298-04524-6

Prologue

Avant même ma naissance, cet homme était en quête d'une petite fille comme moi. Une petite fille différente, m'expliqua-t-il. Qui aurait besoin d'amour.

Il développa son cercle d'amis pour y inclure de jeunes couples fraîchement mariés, les regarda devenir parents, et sourit intérieurement, plein d'une sournoise délectation, lorsqu'on lui demanda d'être parrain.

« Il s'entend si bien avec les enfants », disaient ses amis.

Je n'étais encore qu'un bébé inconnu de lui lorsqu'il se maria. Il eut la tentation de se tourner vers sa propre fille pour assouvir ses besoins, mais sa femme, qui l'avait percé à jour, parvint à préserver ses enfants.

Sans que personne ne le remarque, il se mit à épier mes allées et venues sur les routes de campagne que j'empruntais pour aller à l'école. Il vit les stigmates de la négligence que je subissais, et sut alors que j'étais celle qu'il attendait. Il commença à fréquenter le pub où mon père allait boire et sympathisa avec lui. Il écouta la litanie de ses malheurs – le maigre salaire, toutes ces bouches à nourrir –, et le recommanda pour un travail qui offrait un logement plus décent.

« Aucun problème, dit-il à mon père, quand on peut aider. »

On disait de lui que c'était quelqu'un de bien, que sa femme devait être heureuse, et que mes parents avaient eu bien de la chance de rencontrer un tel homme.

Il était l'ami de tous. Celui qui se souvenait de l'anniversaire des épouses et apportait des cadeaux à leurs enfants.

C'était le visiteur le plus fiable, l'oncle favori.

Il y avait toujours des bonbons dans la boîte à gants de sa voiture.

J'avais sept ans quand je rencontrai cet homme pour la première fois. Celui qui m'appelait sa petite Lady.

Des années ont passé depuis notre dernier échange. Mais ces souvenirs restent gravés dans ma mémoire aussi clairement que si tout cela s'était passé hier.

1

« Raconte-nous une histoire », me disaient souvent mes enfants. « Où voulez-vous que je commence ? », leur demandais-je en prenant l'un de leurs livres préférés. « Au début, maman, évidemment ! », et j'ouvrais docilement le livre à la première page. « Il était une fois... »

Mais au moment de raconter ma propre histoire, et à l'heure où j'ai plus d'années derrière que devant moi, la question qui se pose est bien celle-ci : par où commencer ?

Cette histoire, que je tente de garder bien enfouie dans les tréfonds de mon âme et qui hante mes rêves, a débuté quand j'avais sept ans.

Mon parcours trouve cependant ses racines au moment où j'ai été conçue, voire un peu avant. Il me fallut pourtant attendre d'être assise dans ma cuisine devant cette feuille de papier, recouverte recto verso de mon écriture appliquée, pour accepter l'idée que le moment était venu de me confronter à mon passé.

Mais par où commencer ? me suis-je demandé.

Par le commencement, Marianne, me répondit ma petite voix intérieure. Ton commencement, car tu dois te souvenir des années qui ont eu lieu *avant* pour comprendre tout ce qui s'est passé.

Et c'est ce que j'ai fait.

Quand je vivais avec mes parents, lors de chacun de mes anniversaires, et avant même que j'aie eu le temps d'ouvrir la moindre carte ou le moindre cadeau, ma mère me répétait combien il avait plu le jour de ma naissance.

Pas de simples averses, expliquait-elle chaque fois, mais des trombes d'eau qui fouettaient les maisons et transformaient les chemins de campagne en sentiers boueux. Les gouttières, que mon père ne pensait jamais à débarrasser des feuilles mortes, débordaient de partout. L'eau ruisselait le long de la maison pour jaillir avec fracas dans les canalisations déjà surchargées. Au fil des ans, une épaisse mousse verte avait peu à peu recouvert les murs extérieurs, et les gouttières bouchées avaient provoqué l'apparition de larges taches d'humidité et de moisissures sur les murs de la chambre.

C'est aux toutes premières lueurs du matin, alors que les coqs du fermier voisin n'avaient pas encore salué le jour, que je décidai de venir au monde. Ma mère s'était éveillée dans d'atroces souffrances, sa chemise de nuit trempée, sachant que j'étais sur le point d'arriver. Elle se sentit soudain terrifiée.

Elle secoua mon père pour le réveiller. Pestant contre mon manque de tact, il enfila précipitamment ses vêtements, enfonça le bas de son pantalon dans ses bottes et enfourcha son vélo pour aller chercher la sage-femme locale.

Avant qu'il ne claque la porte, la laissant seule avec sa douleur et sa peur pour seules compagnies, ma mère avait entendu les mots « affaires de femmes » et « pas un endroit pour un homme » flotter dans son sillage.

Après un temps qui lui sembla durer des heures – mais qu'elle admit finalement n'être que de vingt minutes –, la sage-femme était auprès d'elle.

Cette petite femme trapue prit rapidement les choses en main et tenta d'apaiser ma mère en lui expliquant qu'elle avait déjà fait venir au monde des centaines de bébés. Après un examen rapide, elle confirma que mon arrivée était imminente.

« Et sais-tu ce qu'elle a dit à ce moment-là ? », me demandait toujours ma mère à ce stade du récit. Docile, je jouais le jeu et secouais négativement la tête.

« Elle m'a juste dit qu'elle ne pouvait rien faire tant que les douleurs n'étaient pas plus rapprochées, et que... » – et ma mère reprenait alors son souffle pour mettre encore plus d'emphase sur les mots suivants – « tout ce que j'avais à faire, c'était de pousser ! Après, elle m'a demandé où se trouvaient les serviettes propres qu'elle avait réclamées. »

Ma mère poursuivait ensuite la narration du reste de cette longue et douloureuse journée. La sage-femme laissa échapper l'expression de sa réprobation quand elle se rendit compte que mon père, encore imbibé d'alcool, avait oublié de mettre à disposition les objets qu'elle lui avait demandés. Avec l'aide de ma mère, elle parvint finalement à trouver tout ce dont elle avait besoin.

Après quoi, elle alla chercher une voisine et lui força la main pour venir l'assister quand le moment serait venu – mais d'ici là, il n'y avait pas grand-chose à faire. Ma mère écoutait le bourdonnement de leur conversation au rez-de-chaussée, alors que les deux femmes buvaient tasse de thé sur tasse de thé en échangeant des ragots. Elles lui apportaient à boire et venaient lui essuyer le front avec un linge frais de temps à autre, mais ma mère passa la plus grande partie de la journée seule.

« Appelez-moi quand vous avez besoin », lui dit la sage-femme, échouant totalement à rassurer et à réconforter ma mère, avant de descendre s'asseoir devant le feu de cheminée qu'elle venait d'allumer.

Je me suis souvent demandé comment ma mère pouvait se souvenir d'autant de détails, mais elle m'assure que tout est exact.

Elle passa toute la journée allongée sur le dos, les jambes relevées et écartées, les mains pleines de transpiration sous l'effet combiné de la douleur et de la peur, s'agrippant au drap froissé. Son lit se trouvait face à la fenêtre, et tandis qu'elle regardait la pluie déferler contre les vitres, son corps était parcouru d'une souffrance supérieure à tout ce qu'elle n'aurait jamais pu imaginer.

Sa gorge était devenue douloureuse à force de crier. Elle était littéralement trempée : la sueur lui coulait sur le visage, plaquant ses cheveux à sa tête pour venir goutter à son menton.

Plus que tout, elle voulait que quelqu'un qui l'aime soit à ses côtés. Quelqu'un qui lui tienne la main, lui essuie le front et lui dise que tout allait bien se passer. Mais il n'y avait que cette sage-femme.

Le soir arriva, et la pluie tombait toujours. Elle regarda par la fenêtre et distingua sur la vitre le reflet de son visage, mêlé aux gouttes de pluie. C'était comme si un million de larmes coulaient le long de ses joues, se dit-elle.

Dix-huit heures après avoir perdu les eaux, elle donna la poussée finale – la toute dernière dont son corps était capable –, et je vins enfin au monde.

Par chance, au moment je glissai hors de son corps, j'ignorais combien ma présence n'était pas désirée. Il me fallut quelques années pour m'en apercevoir.

Mon père rentra à la maison quand les dernières consignes furent données, et qu'il apprit que c'était une fille.

Je ne pense pas qu'il en ait été ravi.

2

Mon plus ancien souvenir me revient en mémoire. Il date de l'époque où, trop petite encore pour pouvoir marcher longtemps, on me promenait en poussette. Je me souviens du rythme de ses mouvements, et du poids soudain des sacs de courses que l'on déposait négligemment sur moi. Comme j'avais hâte de retrouver la chaleur des bras de ma mère quand elle se pencherait pour me sortir de là ! J'entendais le brouhaha des voix de tous ces visages flous et les voyais me regarder, tout en ayant l'impression d'être invisible.

Moi, à trois ans : petite pour mon âge, des cheveux châtain clair en bataille, la crasse visible sur mon teint pâle, et de grands yeux bleus qui portaient déjà sur le monde un regard empreint de doute et de méfiance.

N'ayant pas connu la joie d'être câlinée, bordée le soir et accompagnée vers le sommeil par la lecture d'une histoire, ni la sérénité d'être considérée comme une personne chère, je n'avais aucun moyen de comparaison et ignorais encore que je n'étais pas aimée.

Je n'avais pas non plus de mots pour la peur, et aurais été bien incapable d'expliquer ce que je ressentais lorsque la chair de poule envahissait mes bras, quand ma nuque se tendait et que mon estomac se tordait comme si une armée de papillons y avait élu domicile. Néanmoins, au moment de mes premiers pas puis de mes premiers mots, je savais déjà que c'était le son de la voix courroucée de mon père qui provoquait ces sensations.

Dès qu'il passait la porte pour entrer en titubant, il se mettait à me crier dessus : « Qu'est-ce que tu as, à me regarder comme ça ? » Les premiers temps, alors que je comprenais seulement sa colère et non ses mots, ma bouche s'ouvrait pour laisser échapper un long gémissement. Cela ne faisait qu'accentuer sa fureur, jusqu'à ce que ma mère vienne me soustraire de sa vue. J'appris plus tard que dès qu'il pénétrait dans une pièce, je devais me faire aussi petite et silencieuse que possible, voire totalement invisible.

Je passai les sept premières années de ma vie dans une petite maison d'une rangée de six mitoyennes. La porte d'entrée donnait directement dans la pièce principale, où un escalier menait aux deux chambres.

Celle de mes parents était juste assez grande pour accueillir leur lit et une commode, alors que la mienne, avec ses murs de plâtre brut et son sol en lino craquelé, était à peine plus grande qu'un placard. Le seul meuble qui s'y trouvait était un petit lit recouvert de vieux manteaux sur un matelas déchiré, le tout adossé au mur faisant face à une fenêtre sans rideaux.

Cette maison appartenait à la ferme où mon père travaillait comme ouvrier agricole. Comme souvent dans ces circonstances, notre occupation des lieux représentait une bonne partie de son salaire.

Le fermier, un homme vieux jeu et acariâtre, refusait d'admettre l'augmentation du coût de la vie et payait ses hommes une bouchée de pain. « Ils ont déjà le logement gratuit ! » constituait l'argument de sa défense. Malheureusement, il pensait aussi que « logement gratuit » rimait avec absence d'obligation d'entretien de la part du propriétaire, et, en hiver, l'endroit était aussi humide que glacial. Ni les journaux roulés en bas des portes ni les feuilles de plastique épinglées autour des fenêtres pourries n'empêchaient le froid de mordre les petits nez et les petites oreilles, et c'est avec des mains glacées qu'on tentait de réchauffer ses jambes nues. Tremblants, nous cherchions une place près du feu, où, la face réchauffée et le dos gelé, nous nous blottissions autour de l'étroit foyer noir, à regarder les bûches humides se consumer.

Quand le ciel s'assombrissait et que la pluie tombait, rendant les jeux en extérieur impossibles, je passais mes journées dans la petite pièce de vie qui faisait office de cuisine, de salon, et, aux rares occasions où la bassine de métal était sortie, de salle de bains. Les meubles avaient été donnés par les grands-parents, quand ils s'étaient débarrassés de ce dont ils ne voulaient plus.

Je me souviens d'un horrible canapé marron dont les ressorts fatigués traversaient presque le revêtement, passé et usé jusqu'à la corde ; d'une table en bois avec quatre chaises différentes, toutes bancales ; et d'un buffet déglingué, recouvert d'un empilement de casseroles et autres ustensiles de cuisine. Aucun élément ne rendait l'espace agréable ou accueillant. C'était une triste et sombre pièce, dans une triste et minuscule maison.

On y comptait trois portes : une sur la cage d'escalier qui menait aux chambres ; une sur l'arrière-cour, où on lavait aussi bien le linge que la vaisselle ; et la troisième, la porte d'entrée, qui semblait bien ne mener nulle part aux yeux de ma mère. En effet, à part se rendre aux magasins où l'on achetait la nourriture et le minimum vital, elle ne développait quasiment aucune vie sociale en dehors de ces murs.

Nourrir ses enfants, tâche visiblement peu aisée, accaparait la plus grande partie de son temps. Et bien que sa contribution à la vie de famille passât toujours après ses visites au pub, mon père exigeait un repas chaud tous les soirs. Quelle que soit l'heure à laquelle il arrivait à la maison, si son dîner n'était pas sur la table en quelques minutes, des hurlements de rage emplissaient bientôt l'atmosphère et ses poings ne tardaient pas à sortir.

Il était dipsomane, comme on les nomme désormais. Ma mère ne savait jamais s'il se rendrait directement au pub après le travail, ou s'il rentrerait d'abord dîner, avant d'aller boire jusqu'à n'avoir plus un sou en poche.

Consciente que, les jours précédant la paye, il fouillait partout dans l'espoir de trouver un éventuel reliquat d'argent des courses, ma mère tentait souvent de dissimuler de petites sommes afin de s'assurer qu'il y ait toujours au moins du lait et du pain à la maison.

Mais en quelques heures, le désir de boire de mon père semblait lui donner un invraisemblable pouvoir de détection, et il finissait systématiquement par dénicher la nouvelle cachette.

Ces jours-là, la tension dans la pièce était d'une force presque palpable. Les yeux fous, scrutant tous les coins, il engloutissait thé et nourriture tandis que ma mère, sachant ce qui allait suivre, ne savait trop que faire de sa peau. Peut-être priait-elle pour que cette fois son humeur s'adoucisse, et qu'il finisse par rester.

Cela n'arrivait que rarement.

Il demandait parfois l'argent avec un sourire, parfois avec une grimace, et d'autres avec des menaces. Mais, quelle que soit la manière, ma mère savait qu'il s'agissait toujours d'un ordre, et non d'une simple requête.

Ses protestations, arguant qu'il ne restait rien, étaient toujours reçues par un regard furieux. « Sale menteuse de mes deux » était la réponse la plus courante. « Tu ferais bien de me le donner tout de suite si tu ne veux pas avoir d'ennuis. »

Mon petit corps tremblait d'effroi et je glissais doucement de ma chaise pour aller me cacher derrière le canapé. Les mains sur mes oreilles et les yeux fermés, je tentais d'arrêter les images et les sons de la scène.

J'entendais le raclement de sa chaise repoussée violemment, le bruit de ses pas dans ses grosses chaussures de travail, le vacarme des casseroles jetées au sol et des tiroirs vidés par terre.

Ces bruits se mélangeaient aux cris de colère de mon père : « Tu l'as planqué où, salope ? », et aux vaines protestations de ma mère : « Mais il n'y a plus rien ! », jusqu'à ce que la cuisine soit entièrement remplie du tapage de cette folle recherche et des pleurs maternels.

Les éclats de rage allaient croissant et étaient immanquablement suivis du bruit des poings entrant en contact avec un corps. Les sanglots de ma mère, le tonnerre des pas précipités de mon père dans l'escalier de bois suivi de son cri de triomphe m'informaient qu'il avait enfin mis la main sur son butin.

« Espèce de pute, je savais bien que t'en avais planqué ! »

Une fois de plus, l'attraction du pub l'avait emporté,

tel un irrésistible chant des sirènes éradiquant en mon père toute considération pour les besoins de sa famille.

Lorsque la porte claquait, annonçant son départ, j'enlevais les mains de mes oreilles, ouvrais les yeux, et me redressais pour sortir de derrière le canapé, encore hésitante. Et, chaque fois, j'avais une boule dans la gorge en découvrant ma mère par terre, effondrée.

Des marques rouges en forme de main étaient visibles sur son visage. Une goutte de sang filait le long de sa bouche déjà gonflée. Un bleu commençait à apparaître sur son bras.

Des larmes de désarroi coulaient silencieusement sur ses joues tandis qu'elle constatait le chaos qui l'entourait. Je ne pouvais alors m'empêcher de me ruer sur elle pour la réconforter. Il arrivait que, privée de toute énergie pour me repousser, elle me laisse me blottir entre ses genoux. Mais la plupart du temps, à peine avais-je prononcé le mot « maman » qu'elle me jetait un regard rempli de colère et de frustration, et je préférais m'éloigner d'elle.

« Quoi, maman, Marianne ? Tu ne peux pas me laisser tranquille une seconde ? Qu'est-ce que tu veux, à la fin ? »

À cet âge, je ne possédais pas les mots pour lui dire que je voulais juste être rassurée, que je voulais me lover sur ses genoux, sentir ses bras autour de moi et m'entendre dire que tout allait s'arranger.

Au lieu de quoi, confrontée à son rejet, de grosses larmes jaillissaient de mes yeux et je me mettais à lui hurler mon malheur en guise de réponse. La colère disparaissait alors souvent de son visage pour être remplacée par une vague expression de culpabilité et d'impatience résignée.

« Bon, arrête de pleurnicher maintenant ! Ce n'est pas après toi qu'il en avait, hein ? Il me faut quelque chose pour essuyer tes larmes. » Elle se mettait à fouiller ses poches et en sortait le chiffon crasseux qui faisait office de mouchoir, avec lequel elle essuyait rapidement mon visage. « Tu sais bien que ce n'est pas de ta faute, Marianne. »

Ces brefs instants de rude tendresse maternelle me consolaient temporairement, mais je restais convaincue d'être responsable de sa colère d'une manière ou d'une autre.

Après tout, il n'y avait ici personne d'autre pour ça.

Quand il ne restait plus d'argent pour acheter le moindre légume, ma mère s'en remettait à la charité des autres pour lui faire crédit, ou pire, parfois, pour lui faire l'aumône.

Je détestais ces moments où, fourrée dans ses jupes, je l'entendais bredouiller des excuses, sachant très bien que non seulement le commerçant mais encore tous les clients qui faisaient la queue derrière elle ne croyaient pas un mot de son histoire.

Je sentais leurs regards où la pitié se mêlait au mépris, et une vague de honte me submergeait à l'idée que leurs chuchotements puissent être à notre sujet. Je voyais le rouge monter aux joues de ma mère quand elle se rendait compte que personne ne la croyait.

Chez le boucher, nous ne prenions que les pièces de viande les moins onéreuses. Un collet de mouton pouvait nous durer une bonne semaine, pour peu qu'on y ajoutât un os à moelle afin d'en améliorer la tenue et le goût. Une bonne quantité de pommes de terre ainsi que quelques légumes de saison, et nous avions le ragoût nourrissant qui allait nous être servi jour après jour.

Il y avait aussi d'autres moments, bien pires encore, où mon père ne rentrait presque pas à la maison. Quand il se montrait enfin, son visage était mal rasé et ses yeux injectés de sang. Il était imprégné de l'odeur du pub – ce mélange d'alcool, de cigarettes et de vieille sueur –, et toute sa paye était volatilisée.

C'est à ces occasions que ma mère devait aller mendier chez le boucher les beaux os qu'on mettait habituellement de côté pour les chiens des clients les plus aisés. Le commerçant contemplait avec pitié son visage hagard et mon teint pâlot. « Je crois que vous en avez plus besoin que ces gros gâtés de Fido et Rover », disait-il, glissant en sus dans le papier d'emballage quelques beaux morceaux de viande grasse de ses plus belles pièces. « C'est pour moi, chère amie », ajoutait-il en repoussant les remerciements qu'elle commençait à bredouiller. Chaque fois, la gentillesse du boucher la mettait plus mal à l'aise que sa brusquerie coutumière.

Durant ces périodes, les ragoûts de ma mère comptaient beaucoup plus de patates et de légumes que de viande. Le hachis Parmentier n'était plus que purée et sauce, et c'est une pâte blanche graisseuse que nous étalions sur nos tartines à la place du beurre et de la confiture.

« Il faut laisser la viande pour ton père », disait-elle en remplissant mon assiette de chou et de pâles rondelles de pommes de terre nageant dans une sauce grasse.

Je regardais la chaise vide de mon père, le couvert dressé pour lui, et me demandais s'il allait rentrer après que je sois couchée.

3

Les altercations entre mes parents ne firent qu'empirer. Les coups finirent par tomber aussi sur moi, au point que le simple son de la voix de mon père me faisait trembler de frayeur. Au milieu des années cinquante, de nombreuses usines virent le jour dans l'Essex. Elles fabriquaient une grande variété de produits, des parfums Yardley jusqu'aux voitures ou tracteurs Ford, et l'humeur de mon père se dégradait davantage à l'ouverture de chaque nouveau site. Il déplorait le fait que ces nouvelles entreprises s'approprient des terrains autrefois réservés à l'agriculture, laissant sur le pavé de nombreux ouvriers agricoles. Il raillait les employés de ces usines et vociférait contre les belles voitures neuves qui l'éclaboussaient de boue quand il circulait à vélo sur les routes de campagne.

Ses visites au pub semblaient alimenter sa colère, et c'est remonté à bloc qu'il rentrait ensuite à la maison. Il avait ce tempérament toujours limite, prêt à exploser à la plus petite provocation. Le moindre affront au pub, un manque de compréhension de ma mère ou le fait que je ne sois pas assise au bon endroit suffisaient à déclencher ses foudres. À ces moments-là, la capacité d'un discours cohérent le désertait totalement, lui laissant ses explosions de rage et la volée de ses coups de poing comme uniques moyens de communication. Rouges et pleins de hargne, ses yeux parcouraient la pièce en quête de quelque chose sur quoi passer sa colère, et j'espérais ardemment que son regard ne tombe pas sur moi.

Bien souvent, je me tenais recroquevillée dans un coin, essayant de me faire aussi petite et invisible que possible.

J'avais pris l'habitude de fermer les yeux lors de ces scènes, qui se produisaient également souvent alors que je tremblais au fond de mon lit, en entendant les cris et les bruits des coups portés. Finalement, ce n'est qu'à l'âge de quatre ans que je le vis réellement frapper ma mère.

Le repas du soir était prêt depuis une heure déjà, et ma mère venait de remplir nos deux assiettes lorsque la porte s'ouvrit avec fracas. Le visage rouge de furie, mon père entra dans la cuisine en titubant. Il se pencha au-dessus de la table, ses mains cherchant un appui sur sa surface. L'odeur aigre de son haleine de bière nous prit au nez quand il cracha sa haine des employés de l'usine, mieux payés que lui, qui commençaient à fréquenter son pub.

— Non mais, pour qui ils se prennent, ces petits branleurs ? Ils se croient mieux que tout le monde. Savent même pas ce que c'est qu'une vraie journée de travail. Encore mouillés derrière les oreilles, qu'ils sont. Bande de petits connards, qui croient tout savoir. Tu sais ce qu'ils m'ont dit ?

Je sentais que ma mère cherchait désespérément les bons mots pour le calmer mais, ne sachant que dire, elle resta silencieuse et se contenta de le regarder, impuissante, et de l'écouter déverser ses mots de haine, la bouche tordue par la rage. Des mots que je ne comprenais que très peu, mais dont je reconnaissais le venin, et qui me faisaient terriblement peur.

— Ils se sont inscrits pour le nouveau lotissement en construction, figure-toi. Ça veut se payer une maison. Parce que louer, c'est pas assez bien pour eux, tu vois ! Moi qui croyais que ça leur suffirait de se pavaner dans leurs bagnoles toutes neuves. Et ils nous regardent de haut, maintenant, alors qu'on travaillait déjà comme des bêtes quand ils étaient encore en culotte courte. Des crédits, qu'ils vont prendre. Moi, j'appelle ça des dettes ! Vont se ruiner, c'est tout, je te le dis, moi.

Chaque fois qu'il fulminait ainsi sur les employés de l'usine, la frustration relative à son propre manque d'accomplissement se déversait encore et encore. Il en voulait à ma mère pour l'avoir emprisonné par le mariage, et il m'en voulait d'exister.

S'il n'avait pas eu besoin d'un travail qui lui procure un logement pour nous, disait-il, lui aussi aurait peut-être une belle voiture au lieu de rouler à bicyclette.

Je me tenais bien droite contre le dossier de ma chaise, écoutant ma mère murmurer quelques mots de conciliation. Le dîner de mon père fut vite placé devant lui, du thé fait et servi, une tranche de pain coupée et beurrée... mais rien n'apaisait sa fureur.

Il nous regarda toutes les deux avant d'empoigner sa fourchette pour enfourner la nourriture dans sa bouche.

— Bon Dieu ! Tu ne pourrais pas faire autre chose que ce foutu ragoût dégueulasse ? s'exclama-t-il juste après avoir pris sa première bouchée.

Je crus un instant qu'il allait tout jeter par terre, chose

que je l'avais vu faire par le passé. Mais une forme d'instinct de conservation, ou peut-être la certitude qu'il n'y avait rien d'autre à manger, le retint. Il continua son repas, maudissant ma mère entre deux coups de fourchette, et finit par se calmer.

Pourtant, à en juger par la couleur de son visage, sa colère n'était pas retombée. Il devait juste réfléchir à une nouvelle raison d'accabler ma mère de son insatisfaction globale. Je ressentais à la fois son appréhension à elle, et la fureur prête à exploser de mon père. J'avais un nœud dans l'estomac et me sentais très mal. Malgré mon envie de quitter la table, je n'osai bouger, préférant ne pas attirer son attention.

Il nettoya son assiette, utilisant une croûte de pain pour récupérer la dernière goutte de sauce. Puis, dans un bruit ostensible de vaisselle et de couverts, il la poussa d'un côté et essuya sa bouche d'un revers de main. Il scruta ma mère de la tête aux pieds d'un œil mauvais.

— Bon sang, tu ne ressembles vraiment à rien ! Pas étonnant que je n'aie pas envie de rentrer à la maison. Tu ferais honte à n'importe quel homme. Cette maison est une vraie porcherie. Crois-tu qu'on pourrait dire à quelqu'un de venir ici ? Ma vieille mère avait raison à ton sujet : elle disait que tu n'étais qu'une sale vache. Sa maison à elle était toujours impeccable, et elle avait quatre gosses à élever. Mais toi, grosse feignasse, tu t'en fous complètement.

Plus les insultes pleuvaient, et plus son visage rougissait. Ma mère se crispait comme si chaque mot était une gifle physique, mais elle n'essayait même pas de se défendre.

Soudain mon père se leva, propulsant sa chaise en

arrière. Ma mère devait savoir ce qui l'attendait. Elle tenta de battre en retraite, mais il était plus rapide qu'elle. Elle couvrit son visage de ses mains tandis que des poings serrés s'abattaient sur ses épaules et sur ses bras. Les larmes passaient à travers ses doigts, et j'entendais ses cris étouffés de douleur, mélangés aux implorations l'appelant à cesser.

Puis, aussi soudainement qu'il avait commencé, il s'arrêta, ses bras retombant de chaque côté de son corps.

— Tu me fais même perdre mon temps à te taper dessus. Tu ne comprends rien de rien. Regarde-toi, ma pauvre. C'est la déchéance totale, pas vrai ?

Il leva de nouveau la main, cette fois pour pointer son index menaçant sur sa poitrine.

— Regarde un peu ton foutu jupon.

Je dirigeai mon regard vers la jupe de ma mère et constatai que sa combinaison était tombée plus bas que le vêtement.

Un sourire apparut subitement sur le visage de mon père – qui me glaça encore plus que sa mauvaise humeur de la minute précédente. Il s'approcha de ma mère si près qu'elle dut reculer, jusqu'à ce que son dos rencontre le mur. La peur avait ôté toute couleur de son visage, lui conférant la pâleur d'un fantôme. J'entendis ma mère essayer de prononcer le nom de son mari, le souffle rauque de mon père, et le vis fouiller dans sa poche pour en sortir un briquet. Il ne lui fallut qu'une seconde pour l'allumer avec son pouce. Avant que ma mère ait eu le temps de réaliser ce qu'il allait faire, et à ma grande horreur, il se pencha pour exposer la flamme à l'ourlet de dentelle de son jupon. L'autre main de mon père était appuyée contre le ventre de sa femme, l'empêchant de bouger.

— Burt, hurla-t-elle, laisse-moi, je t'en supplie !

Elle essayait de le repousser mais il la maintenait fermement en riant. La panique m'éjecta alors de ma chaise et me fit répéter le geste que je l'avais vu faire lorsqu'une braise s'était échappée de la cheminée pour atterrir sur du linge qui séchait devant l'âtre. Je pris un vieux journal et, m'immisçant entre eux, commençai à battre la petite flamme qui avait pris. Il se moqua de nous et relâcha ma mère. Elle se rua vers l'évier et aspergea ses jupes d'eau. L'espace d'un instant, j'oubliai combien j'avais peur de lui.

— Tu es vilain ! Tu es un vilain, vilain, méchant papa ! me mis-je à hurler en soutenant son regard ébahi.

— Sais-tu bien sur qui tu cries comme ça ? aboya-t-il à son tour. Tu ferais bien de ne pas me chercher davantage, petite morveuse ! Va te coucher immédiatement, tu m'entends ?

Il m'envoya un coup à l'arrière de la tête au passage. Des taches sombres défilèrent devant mes yeux et je tombai presque sous le choc, mais un élan de dignité me força à garder l'équilibre et à monter seule l'escalier, jusqu'à ma chambre.

Je gardai mes larmes pour le moment où je serai seule.

Les disputes se répétant jour après jour, ma petite chambre devint mon refuge. Là, je pouvais me terrer sous mes couvertures – un mélange de vieux manteaux et de draps déchirés –, et les presser sur mes oreilles. Les yeux fermement clos, le corps parcouru de tremblements, je tentais de me préserver des bruits qui me terrorisaient. Ces cris et ces coups, dont je savais qu'ils provenaient d'en bas ou de la chambre de mes parents, et non de mes rêves.

Mais j'avais beau me réfugier sous mes couvertures, les échos de la furie paternelle parvenaient toujours jusqu'à moi.

— Salope ! Traînée !, s'époumonait-il. Même si j'ignorais le sens de ces mots, la férocité de sa rage me pétrifiait chaque fois.

Le corps secoué de sanglots silencieux, je glissais mon pouce dans ma bouche et saisissais de l'autre main ma poupée de chiffon au visage peint. Je ne tardais pas à entendre ensuite les supplications de ma mère, l'implorant d'arrêter, puis ses pleurs qui me brisaient le cœur.

Faites qu'ils arrêtent ! Telle était la rengaine qui se jouait encore et encore dans ma tête. Mais quand cela se produisait, le silence qui suivait me terrifiait plus encore.

Il y avait pourtant des jours où mon père s'adoucissait. Son rictus redevenait un vrai sourire et il parlait gentiment. Ses virées au pub, disait-il alors à ma mère, appartenaient au passé : il resterait désormais à la maison après dîner. Bien qu'elle sût au fond d'elle-même, pour l'avoir trop souvent entendu, que ces périodes de sobriété ne duraient jamais, chaque fois ma mère ne pouvait s'empêcher d'espérer que cette fois serait la bonne.

Ces jours-là, les marques gravées prématurément par la peine sur son visage s'atténuaient, et elle ressortait le panier rempli de tout le matériel nécessaire à la fabrication de tapis de lirette. Les seuls éclats de couleur de notre intérieur provenaient de ces petits tapis artisanaux, qui recouvraient çà et là le vilain lino marron posé partout.

Mes parents s'asseyaient près du feu et étalaient devant eux les instruments indispensables pour transformer les matériaux de base en tapis de sol. Un assortiment de vêtements usés, donnés par la femme du fermier pour en faire des chiffons, une paire de ciseaux et une pile de sacs constituaient le nécessaire. Ma mère découpait les tissus récupérables en de longues bandes et choisissait les couleurs à assortir, puis elle les lui passait pour les tisser patiemment sur la trame du sac de toile. Désireuse de me rendre utile également, je ramassais les petits bouts qui tombaient à terre et les déposais dans un autre sac.

Mon père était équipé d'un long objet de métal comportant un crochet arrondi à une extrémité et un bout pointu à l'autre. Il enfilait laborieusement les bandelettes à l'aide de cet objet – qui me faisait penser à grande note de musique. La seconde étape consistait à les faire passer dans les anciens sacs à patates de la ferme, en toile de jute. Pour finir, il ne restait plus qu'à nouer chaque morceau pour qu'il reste bien en place. Les mains calleuses de mon père tremblaient sous l'effet du manque d'alcool en répétant cette tâche, jusqu'à ce que des tapis colorés de différentes tailles voient le jour.

— Celui-là sera pour ta chambre, Marianne, me dit-il un jour d'un ton bourru, après avoir fini son ouvrage sur une pièce particulièrement colorée. Comme ça, tu n'auras plus froid aux pieds en sortant de ton lit, ajouta-t-il en jetant gentiment son cadeau dans ma direction.

— Merci, lui répondis-je, pleine de reconnaissance non seulement pour le tapis, mais surtout pour cette attention inattendue. Je lui offris un sourire timide et en reçus un en retour.

Ce soir-là, en regagnant ma chambre, j'installai fièrement le petit tapis au pied de mon lit. En m'éveillant, le lendemain matin, je me penchai pour admirer ses couleurs vives et chaudes. Tout ce que je désirais alors, c'était que la bonne humeur de mon père perdure, que ma mère continue de sourire, et que les bruits de bataille ne résonnent plus jamais dans la maison.

Tels étaient les parents que je voulais.

De cruelles déceptions m'attendaient pourtant au fil du temps.

4

J'avais entendu prononcer le mot « école », et je savais qu'il signifiait s'asseoir dans une classe avec d'autres enfants, écouter une maîtresse et apprendre à lire et à compter. Je n'y avais néanmoins prêté aucune attention avant qu'on ne me dise que je devrais m'y rendre dans une semaine.

— Marianne, tu n'es plus un bébé, me sermonna ma mère lorsque je lui dis que je voulais rester à la maison avec elle, alors arrête de te comporter comme si tu en étais un. Je suis sûre que ça te plaira, quand tu y seras. Tu te feras des petits copains, ça te fera du bien.

Mais je ne voyais pas les choses de cet œil. Excepté quelques visites à la famille de mon père, je n'avais pas l'habitude de me mélanger à d'autres personnes que mes parents. L'idée de me retrouver loin de la maison me poussa à coller plus que jamais aux talons de ma mère, dans l'espoir de la faire changer d'avis.

— Arrête tes bêtises, tu iras, un point c'est tout, trancha-t-elle, ignorant mes protestations.

Elle marmonna ensuite que je savais combien elle était occupée, et que je devrais déjà être heureuse qu'elle m'accompagne et vienne me chercher à l'école chaque jour, plutôt que de me déposer au bus. Elle oubliait juste de préciser la vraie raison pour laquelle

elle m'emmenait à vélo : prendre le bus coûtait de l'argent, et j'étais trop petite pour faire à pied les plus de trois kilomètres qui nous séparaient de l'école.

Le jour tant redouté de ma rentrée scolaire arriva très vite. Mis à part le lavage de mes mains et de mon visage après le petit déjeuner, la journée commença comme toutes les autres.

On m'enfila une robe portée de nombreuses fois, mes bottes noires en caoutchouc, et mes cheveux reçurent un hâtif coup de brosse.

Ce n'est que lorsqu'on me mit sur le dos un cartable, acheté d'occasion, et qu'on me posa sur le petit siège à l'arrière de la bicyclette de ma mère, que j'intégrai enfin l'idée d'être en route pour l'école.

Le chemin était cahoteux, et je m'agrippai étroitement à ma mère pendant tout le trajet. Lorsque nous arrivâmes à l'école, elle appuya le vélo à un mur et me descendit de mon siège. Ignorant les autres mamans qui discutaient dans la cour, elle se dirigea vers une jeune femme qui se tenait au milieu d'un groupe d'enfants, un grand cahier entre les mains.

— Voilà ma fille, c'est son premier jour d'école, lui dit ma mère d'un ton abrupt. Elle s'appelle Marianne. Sois gentille, Marianne. Fais bien ce que la maîtresse te dit. Je viendrai te chercher tout à l'heure, me recommanda-t-elle avant de tourner hâtivement les talons pour reprendre sa bicyclette.

Je la regardai s'éloigner, consciente que son départ me laissait complètement perdue. Ma lèvre inférieure se mit à trembler quand je la vis se mettre à pédaler, et je me la mordis, espérant parvenir à contenir mes larmes. Je ne voulais pas avoir l'air stupide devant les autres enfants.

J'entendis la maîtresse s'adresser à moi :

— Marianne, viens dire bonjour à Jean. C'est son premier jour, à elle aussi.

Mais j'étais submergée par ma timidité, et au lieu de faire ce que la maîtresse – qui s'appelait Miss Evans, comme je l'apprendrais plus tard – me disait, je restai plantée au milieu de la cour, aussi hagarde et désorientée que peut l'être un enfant isolé perdu au milieu d'une marée de congénères pour la première fois.

Il y avait là une vingtaine d'enfants, chacun exprimant des émotions différentes. Certains avaient les larmes aux yeux, d'autres formaient des petits groupes et tenaient fermement leurs cartables, tandis que leurs mères, presque aussi émues que leur progéniture, leur murmuraient des mots réconfortants avant de leur dire au revoir.

En dépit des larmes et des visages affligés qui m'entouraient et reflétaient ce que je ressentais aussi, j'étais surtout frappée par l'apparence de ces enfants, qui étaient tous bien différents de moi.

Aucun d'entre eux n'était habillé comme je l'étais. Je me rendis compte de l'état de ma pauvre robe et de mon gilet reprisé aux coudes – quand tous ces enfants paraissaient si propres et si apprêtés qu'ils rayonnaient littéralement.

Les cheveux des filles étaient maintenus par des rubans couleur pastel, leurs jolis petits chemisiers en coton gaufré rentrés dans des jupes plissées sombres, et leurs pieds aux chaussettes blanches bien calés dans des chaussures de cuir lustrées. Même les garçons, avec leurs cheveux fraîchement coupés, leurs chemises blanches portant encore les plis du magasin, leurs cravates, leurs petits blazers et leurs culottes courtes, étaient d'une fraîcheur à croquer.

Je jetai un regard désabusé à mes jambes maigres et nues, coincées dans leurs bottes de caoutchouc, portai la main à mes cheveux sans ruban, coupés n'importe comment par ma mère – ils m'arrivaient à peine sous les oreilles –, et j'eus l'envie folle de rentrer chez moi. Dès ce premier jour, je sus que je n'allais pas me plaire ici, et qu'à cause de ma différence, je ne pourrais jamais m'y faire d'amis.

La cloche sonna et la maîtresse nous montra comment former ce qu'elle appelait un crocodile, mais qui n'était que des paires d'enfants à la queue leu leu. Nous la suivîmes dans une salle de classe spacieuse où nous pûmes nous installer à des bureaux adaptés à notre taille. Miss Evans demanda à chacun de dire son nom à haute voix. Elle nous expliqua qu'elle procéderait ainsi tous les matins afin de vérifier que personne ne manque à l'appel. À chaque nouveau nom, elle faisait une marque sur un grand cahier, dont j'appris rapidement qu'on l'appelait un registre.

Je songeai qu'elle pourrait sûrement en faire autant rien qu'en nous comptant, mais je ne dis rien.

Après quoi, on nous donna des crayons de couleur et des feuilles de papier, en nous indiquant de dessiner ce que nous voulions. Je gribouillai de nombreuses lignes ondulées, admirant les couleurs sur ma page.

En milieu de matinée, nous reçûmes de petites bouteilles de lait avec une paille blanche pour le boire.

À l'heure du déjeuner, nous avons formé un autre crocodile pour nous rendre à la cantine. Et à peine la dernière bouchée engloutie, tout le monde fut envoyé dehors pour jouer. Ce premier jour, je demeurai sur les côtés de la cour à regarder les autres enfants s'amuser. J'aurais aimé que l'un d'entre eux vienne me voir, me demande mon nom et m'invite à les rejoindre. Mais aucun ne le fit.

L'après-midi, la maîtresse nous lut une histoire. Pour moi, ce n'étaient que des mots dénués de sens, sur des choses dont je ne savais rien. Il n'y avait pas de livres à la maison, juste des journaux et parfois un ou deux magazines féminins. « Raconter une histoire » était donc un concept que je ne comprenais pas. Saisie d'ennui, mon regard s'évada par la fenêtre. Je vis dans la cour quelques mamans de mes camarades de classe, qui discutaient en petits groupes. Mes yeux se concentrèrent sur la route derrière elles : je guettais déjà l'apparition de la silhouette familière de ma mère.

La sonnerie retentit enfin, annonçant la fin des cours. Quand elle se tut, je discernai ma mère poussant son vélo pour franchir les grilles, et, comme je l'avais fait moi-même ce midi, se tenir à l'écart des autres mères. À leur tour, et à l'instar de leurs enfants, elles ne lui prêtèrent pas la moindre attention.

— Ça va, Marianne ? me demanda-t-elle comme je me ruais vers elle.

— Oui, répondis-je, sentant que je n'avais pas à en dire plus.

— Très bien.

Tels furent ses seuls mots avant de m'installer sur la bicyclette et de se mettre à pédaler.

Elle ne me posa aucune autre question. Pas plus que mon père.

Peut-être savaient-ils déjà ce que je commençais à apprendre : que les enfants qui ne ressemblent pas aux autres ne se font pas d'amis.

5

Cela faisait bien longtemps que je ne m'étais pas autorisée à repenser à la petite fille solitaire que j'étais. Lorsqu'elle me revint en mémoire, je sentis des larmes perler au coin de mes yeux. Je voyais sa petite silhouette décharnée, restant debout au bord de la cour de récréation jour après jour, espérant, sans trop y croire, qu'elle pourrait un jour se faire un ami.

Je me souviens de sa perplexité en découvrant des mots comme « vacances », « chauffage central », « véranda », « patio » ou même « salle de bains », et j'eus l'impression d'entendre de nouveau les rires moqueurs de ceux qui remarquaient alors son étonnement.

Je songeai à la façon dont elle tentait de dissimuler ses blessures, quand, les mois passant, elle ne se voyait jamais invitée aux fêtes d'anniversaire, et entendait parler de tous ces cadeaux qu'elle ne posséderait jamais : des maisons de poupées remplies de meubles miniatures, des tricycles d'un rouge étincelant, des poupées dont les yeux s'ouvraient et se fermaient, et qui pleuraient comme de vrais bébés.

Les enfants évoquaient des choses qu'elle ne connaîtrait qu'en rêve : les salons de thé, où l'on pouvait manger des meringues roses, des boules de glace avec des framboises et de la crème ; les nouvelles robes offertes par de généreuses grands-mères ; les sorties au bord de la mer, à la foire, et tant d'autres choses encore qui faisaient d'elle une exclue.

N'ayant aucune histoire à partager, elle décida de se taire.

J'essayai de retrouver plus d'images, mais ma mémoire semblait s'être fixée sur celle de cette petite fille seule dans la cour de récréation.

Après un bref soupir, je m'extirpai de mon confortable fauteuil pour aller prendre dans le buffet les albums de famille où l'on consigne les bons souvenirs.

Je les écartai pour me saisir d'une vieille enveloppe jaunie par le temps.

Ce n'est pas bien gros, me dis-je avec tristesse. Je n'avais pas remis le nez dedans depuis plus de vingt ans, mais je savais qu'il y avait là les seules photographies couvrant mes quinze premières années. Je sortis les quelques clichés en noir et blanc de l'enveloppe et les disposai devant moi sur la table.

Pas de bébé gazouillant, pas de premiers pas agrippée aux mains de parents pleins de fierté. La plupart de ces images me montraient accompagnée d'autres personnes. C'était comme si l'appareil avait voulu capter leur image et que la mienne s'y fût retrouvée par accident. Il y avait aussi quelques photos de classe prises aux alentours de mes douze ans, mais je les mis de côté : je voulais voir celles où j'étais plus jeune.

Finalement, il n'y en avait que deux. La première était un cliché en noir et blanc de mon premier frère et moi alors qu'il était un bébé bien dodu, et moi une enfant chétive de six ans. Nous étions assis côte à côte sur le vieux canapé. Il était appuyé contre moi, mais c'est la main de ma mère qu'il serrait.

Un grand sourire sans dents illuminait son visage tandis que moi, bras et jambes décharnés, je laissais mon regard se perdre dans le lointain.

C'était l'époque où je venais de prendre conscience que mes parents ne m'aimaient pas. Avant que mon frère ne naisse, je ne les avais jamais vus témoigner de l'affection à qui que ce soit, mais désormais je les voyais le prendre et le regarder avec ces expressions pleines de tendresse qui ne m'avaient jamais été adressées, j'en étais certaine.

J'avais entendu les mots affectueux qu'ils lui murmuraient. Une fois, même, mon père avait prononcé les mots « mon garçon » avec une telle note de satisfaction dans la voix que j'en ressentis un vide qui me blessa physiquement.

Assister à cet amour donné à un autre, quand je l'avais toujours recherché sans le savoir, laissa comme un immense espace vide et froid dans mon cœur. Je pensais que ce devait être moi qui n'en étais pas digne, car mon frère n'était pas né depuis suffisamment longtemps pour l'avoir mérité.

Au début, alors qu'il n'était qu'une petite créature poussant quelques miaulements, je m'émerveillais devant la perfection de ses membres replets et de sa peau laiteuse. Mon amour grandissait avec lui, mais un autre sentiment vint rapidement se greffer à cet amour : non pas la jalousie, mais une vive impression de solitude.

« Regarde ton petit frère », s'attendrissait ma mère alors qu'il faisait ses premiers pas. « Tu as vu ce sourire ? » disait-elle ensuite à mon père. « Il va en briser des cœurs, celui-là ! »

Je suis là, avais-je envie de crier, regardez-moi ! Mais je le regrettais dès qu'ils le faisaient, car le regard tendre qu'ils portaient sur mon frère était totalement absent de leurs yeux quand ils se posaient sur moi.

Je regardais ma mère caresser ses joues roses et son cou, et embrasser bruyamment son petit ventre rond avant de le prendre dans ses bras.

Pourtant, je faisais de mon mieux pour être aimable, offrant mon aide pour le nourrir, le changer. Mais une question me revenait sans cesse à l'esprit. Si elle était capable de ressentir autant d'amour pour mon frère, pourquoi n'y en aurait-il pas au moins un petit morceau pour moi ?

Le repas fini, je descendais de ma chaise et débarrassais les assiettes ébréchées ainsi que tout ce que mes petites mains pouvaient prendre. Les sourcils froncés de concentration afin de ne rien renverser, j'emmenais le tout jusqu'à l'évier.

Ma mère me gratifiait parfois d'un sourire en passant sa main dans mes cheveux. « C'est bien Marianne, tu es une gentille fille », me disait-elle alors. Ces quelques mots suffisaient à me remettre du baume au cœur.

Si l'existence de mon frère avait mis en exergue l'indifférence de mes parents à mon égard, le plus grand changement que sa présence occasionna dans ma vie fut que pendant plusieurs mois avant sa naissance, ma mère ne vint plus me chercher à l'école.

« Marianne, je suis trop prise et tu es assez grande pour aller à l'école toute seule, maintenant », fut sa seule explication à ce sujet.

Au lieu de m'asseoir sur le vélo derrière ma mère en

l'entourant de mes bras, il me fallut désormais marcher seule pendant presque un kilomètre pour atteindre l'arrêt de bus, puis me rendre à l'école par mes propres moyens. Cela accentuait encore ma différence par rapport aux autres, car je savais parfaitement que j'étais la seule enfant de ma classe à rentrer dans la cour sans une maman à qui dire au revoir. Et quand la cloche sonnait le soir, j'étais encore la seule que personne n'attendait.

À la fin de la journée, tous se ruaient vers les grilles pour recevoir étreintes, baisers et questions attentionnées sur le déroulement de leur journée. Se tenant la main, ils partaient un à un sans un regard vers moi. J'avais l'impression d'être invisible, sentiment qui ne fit qu'augmenter quelques mois plus tard lorsque je rentrais pour trouver mon frère assis sur les genoux de ma mère.

À cette période, je ressentais le besoin impérieux de quelque chose dans mon existence, sans trop savoir ce que cela pourrait être.

6

La deuxième photo me fit sourire. Elle avait aussi été prise aux alentours de mes six ans, mais il y avait cette fois une expression de délicieuse surprise sur mon visage, et je me souvins parfaitement du jour où le bouton de l'appareil photo avait été pressé, immortalisant cet instant.

Je savais que la famille de mon père n'avait pas d'affection pour ma mère, et très peu pour moi. Les rares fois où ils venaient nous voir, j'avais repéré les expressions de leurs visages quand leurs yeux scrutaient ma chambre sale avant de se poser sur moi.

« Elle te ressemble de plus en plus », faisait toujours remarquer ma grand-mère à ma mère – et je comprenais qu'il ne s'agissait pas là d'un compliment. Le geste de mon père fut donc assez surprenant.

Il était l'aîné de quatre enfants, et malgré son mariage avec une femme que sa famille désapprouvait, demeurait le préféré de sa mère. Son père était mort quand j'étais tout bébé, aussi, lorsque sa sœur annonça son intention de se marier, elle demanda à mon père de la conduire à l'autel.

Il lui demanda deux choses en retour : sa femme

devait être invitée à la noce et je serais demoiselle d'honneur.

Ni ma mère ni moi n'étions présentes lorsqu'il fit cette requête. Tout ce que je savais, c'est que ma tante avait accepté, et qu'on allait m'emmener chez ma grand-mère afin de prendre les mesures pour ma robe.

Si c'est l'amour qui rend les enfants mignons, et l'affection des parents qui leur met le rose aux joues, on comprend mieux pourquoi j'étais dénuée de ces attributs. Pâle, peu avenante, mal habillée et sale, très sale. L'expression de mes deux tantes en me regardant ne me laissa aucun doute à ce sujet.

— Il va nous falloir un peu de temps pour la préparer, je crois, dit la plus âgée après m'avoir observée.

— Emmène-la donc la veille, qu'on puisse bien l'arranger. C'est une si petite crevette que je pourrai la mettre dans mon lit sans même me rendre compte qu'elle est là, je parie.

Le soir précédant le mariage, je fus donc confiée aux bons soins de mes tantes. Une belle robe de soie rose était étendue sur le lit, n'attendant plus que je la porte le lendemain.

— Allez, au bain ! lança ma tante dès que j'eus terminé mon dîner.

— Dis, tu viens m'aider ? demanda-t-elle à sa sœur. J'ai encore des choses à faire pour préparer le grand jour.

On me prit la main, et en deux temps trois mouvements mes vêtements se retrouvèrent sur le dossier d'une chaise tandis que je contemplais une immense baignoire remplie de mousse.

— Allez, hop, dans l'eau ! ordonna gentiment la plus jeune de mes tantes.

L'espace d'un instant, la peur m'envahit. C'était si grand ! N'allais-je pas m'y noyer ? Mais les bras adultes et forts de ma tante me maintenaient fermement quand elle me souleva. Elle passa le savon sur mon visage, mon cou et mon corps, me lava les cheveux, puis, m'ayant indiqué de fermer les yeux, elle me bascula en arrière. Ma tête passa sous l'eau et je me mis à battre frénétiquement des jambes. J'avais du savon dans la bouche et des rires retentissaient à mes oreilles. Elles me remontèrent à la surface, haletante.

— Cette fois, ferme bien tes yeux et ta bouche, m'avertirent-elles avant de m'immerger de nouveau.

— Bon sang, notre nièce est un véritable petit goret ! s'exclama une voix que je reconnus être celle de ma plus jeune tante. Je me demande quand est-ce qu'elle a vraiment été lavée pour la dernière fois ?

— C'est sûr, on pouvait lui retirer la crasse rien qu'en la grattant avec un ongle, entendis-je l'autre lui répondre. Mais à quoi pense donc sa mère ?

— Heureusement qu'elle n'a pas de poux, sinon ça aurait été sans moi pour la coiffer, tiens.

C'était bien de moi qu'elles parlaient ainsi. La honte que je ressentis gâcha d'un coup toute la joie et l'excitation de la journée. Soudain, les bras qui me serraient se firent oppressants. De sympathiques, les rires étaient devenus moqueurs, et les commentaires tournaient à la critique. Je commençai à me tortiller en signe de protestation.

— Oh ! voyons chérie, tu ne vas pas te mettre à ronchonner, hein ? dit ma tante en constatant ma gêne. On est entre filles ce soir, pas vrai ?

— Mais oui, bien sûr ! firent-elles à l'unisson, et je

me retrouvai soudain assise sur un genou, une douce serviette blanche autour de moi, tandis que les bras de mes tantes me frictionnaient et me réchauffaient doucement. Elles me glissèrent un bonbon dans la bouche, peignèrent mes cheveux et en défirent tous les nœuds. Puis, elles enroulèrent mes mèches châtain clair encore mouillées autour de rouleaux qu'elles épinglèrent fermement contre ma tête.

— Ne les abîme pas, Marianne, recommanda la plus âgée. Tu seras si jolie demain avec tes cheveux bien mis !

— Oui, renchérit l'autre, tu seras une très jolie petite fille, c'est sûr !

— Il faudra dormir en mettant ton cou sur l'oreiller, pas seulement ta tête. Fais attention, je ne veux pas perdre mes rouleaux.

Toute cette excitation m'empêcha de ressentir le moindre inconfort en me couchant, et je mis du temps avant de trouver le sommeil. Mes dernières pensées avant de m'endormir enfin furent : « Demain j'aurai une belle robe toute neuve, et je serai très jolie. »

Le lendemain matin, je me retrouvai dans une chambre où des demoiselles d'honneur plus grandes que moi voletaient de miroir en miroir pour mieux s'admirer. Ma tante vint retirer les rouleaux de mes cheveux et les brossa légèrement avant de les mettre bien en place. On m'enfila ensuite de nouveaux sous-vêtements roses et des chaussettes blanches, puis des chaussures noires vernies. Je ne me tenais plus d'excitation quand on me passa enfin ma merveilleuse nouvelle robe.

— Ferme les yeux, Marianne.

Je les fermai très fort, tandis qu'on ajustait quelques

mèches de mes cheveux. Des mains se posèrent doucement sur mes épaules et me firent pivoter devant un grand miroir.

— Voilà. Regarde comme tu es belle, Marianne !

Dans le miroir, une enfant que je reconnaissais à peine me fixait gravement. Croisant son regard, une expression de joie incrédule illumina son visage, et en retour, ressentant cette joie, je sentis ma bouche s'étendre en un immense sourire. C'est à cet instant que la photo fut prise.

Si le mariage était censé être le plus beau jour de sa vie pour la mariée, ce fut aussi le cas pour moi. Je m'arrêtais devant chaque miroir pour y contempler mon reflet. Et c'est toujours vêtue de mes nouveaux habits que je rentrai à la maison le soir.

— Tu peux les garder, ils sont à toi, m'avait dit ma tante quand je pensais devoir les rendre. Je lui adressai un sourire rayonnant de bonheur.

Elle se pencha pour m'embrasser. Je sentis lors de ce baiser un mélange de savon et de parfum, et je sus alors que c'était de ça dont j'avais tant besoin. Pendant vingt-quatre heures, c'était comme si un rideau qui séparait nos existences avait été tiré pour me permettre de rentrer un peu dans cet univers. Et je voulais en faire partie, de ce monde où les maisons étaient remplies de rires, où les enfants étaient bien habillés, et où l'on disait aux petites filles qu'elles étaient belles. Je voulais me sentir unique, encore. Il me faudrait attendre un an de plus avant de retrouver cela.

Mais ce serait lors de la rencontre avec celui qui m'appelait sa petite Lady.

7

Quand je repense au mariage de mes parents, je crois qu'il aura fallu ces cinq ans et demi où j'étais enfant unique pour que mon père comprenne qu'il n'était plus célibataire. Le lien conjugal n'était visiblement pas à son goût. J'appris en grandissant que l'union de mes parents avait été faite dans la précipitation, ma naissance étant survenue moins de cinq mois après la cérémonie.

Quand ses yeux tombaient sur moi, il avait l'air de se rappeler que j'étais la cause de toutes ces responsabilités non désirées. Ses sourcils se fronçaient et il me jetait un regard noir. Très tôt, je fis donc en sorte de ne pas me trouver sur son passage.

Quand le premier de mes frères parut, la naissance d'un fils sembla réjouir mon père plus que ma présence ne l'avait jamais fait. Il se penchait sur la petite chose au visage rouge, lui souriait et lui adressait même la parole en certaines occasions. Pendant un bref interlude, ma mère paraissait heureuse également. Hélas ! à peine mon petit frère commençait-il à ramper qu'elle nous annonça attendre un autre bébé.

Peut-être est-ce l'arrivée imminente d'une nouvelle bouche à nourrir qui le poussa à chercher un autre travail, à moins que ses façons et son tempérament aient lassé son employeur de l'époque. Toujours est-il que mon père se fit embaucher dans une autre exploitation, où il était mieux rémunéré et qui nous offrait un logement plus correct.

— J'ai un nouveau boulot, avait-il annoncé à table pendant le souper, en précisant le nom de la ferme qui allait l'employer.

— On va déménager aussi, donc tu peux commencer à faire les cartons, fut tout ce qu'il ajouta à ce sujet.

Ma mère se contenta de lui demander où se situait notre nouvelle maison.

La femme que ma mère avait été avant que je naisse aurait peut-être posé plus de questions. Mais ces sept années de mariage avaient laissé des traces. Elle s'intéressait très peu à elle-même, et encore moins à ce qui se passait autour d'elle.

L'alcoolisme et la fréquente violence de son mari, l'affliction de la pauvreté, et son manque total d'indépendance – car mon père contrôlait le peu d'argent qui circulait – avaient fini par lui arracher presque toute sa jeunesse et sa confiance en elle.

À ma grande surprise, les jours précédant notre déménagement, ma mère arbora soudain un air heureux, faisant des efforts sur le repas du soir et adressant des sourires à mon père.

Elle nous raconta qu'elle était allée voir notre nouvelle maison, qui était plus belle qu'elle ne l'imaginait, et qu'elle avait rencontré nos futurs voisins. C'était clairement ce dernier élément qui la mettait en joie.

— Les gens d'à côté ont l'air très gentils, dit-elle en posant l'assiette de ragoût-pommes de terre devant mon père.

En guise de réponse, il leva sa fourchette et commença à manger.

— Oui, vraiment très gentils, poursuivit-elle.

Mais ses mots s'évanouirent dans le silence du désintérêt.

Peut-être est-ce à ce moment-là que je pris conscience de la solitude dans laquelle ma mère vivait quotidiennement. Elle passait de longues heures seule à la maison, avec sa petite radio marron pour unique compagnie, et devait se languir de la présence d'un adulte à qui parler. Ce soir-là, je perçus dans sa voix l'espoir qu'elle ressentait, celui de se faire un nouvel ami et de pouvoir avoir une conversation avec quelqu'un d'autre qu'elle-même, un enfant en bas âge ou un mari maussade.

Deux semaines plus tard, quand nous emménageâmes dans notre nouvelle maison, il sembla bien que le vœu de ma mère était sur le point de se réaliser.

8

Une semaine avant de quitter la petite maison que ma mère avait en horreur, je l'aidai à mettre en cartons nos maigres possessions. Les ustensiles de cuisine furent empilés dans des boîtes, les draps fourrés dans des taies d'oreillers tachées, et les vêtements rassemblés dans deux vieilles valises.

Je refusai de mettre dans un carton ma collection de poupées de chiffon ainsi que ma poupée préférée, aux cheveux blonds. C'était un cadeau de ma tante, et je l'avais appelée Belinda. Au lieu de quoi, j'enveloppai chacune d'entre elles dans ce que je trouvai pouvant faire l'affaire, et je les mis dans un cabas brun dont je ne me séparai plus.

Le matin du départ, deux véhicules arrivèrent, conduits par des amis de mon père : une voiture marron, qui avait déjà pas mal vécu, et une camionnette blanche, à peine plus récente. Ma mère, mon petit frère et moi – toujours agrippée à mon précieux sac de poupées – fûmes placés dans la voiture tandis que mon père et notre assortiment de vieilleries prenaient place dans la camionnette.

Assise dans la voiture, je me demandais à quoi allait ressembler notre nouveau logis. Ma mère m'avait dit qu'un jeune couple avec deux petits enfants habitait la maison d'à côté. Un garçon et une fille, m'avait-elle précisé. Hélas ! ils avaient juste l'âge de marcher, et seraient donc trop petits pour que je puisse jouer avec eux.

Le mari était mécanicien. Il entretenait les véhicules de la ferme, raison pour laquelle le fermier l'autorisait à occuper un logement sur ses terres. Elle ne l'avait vu que très brièvement, mais son épouse était tout à fait charmante. Tandis que ma mère bavardait au sujet de nos nouveaux voisins avec plus d'animation que je ne lui en avais jamais vue, je contemplais avec curiosité le plat paysage de l'Essex qui défilait. D'abord, je vis de grandes propriétés fermières avec de beaux jardins, puis de petits cottages pour les employés de ferme, aux jardins mal entretenus derrière des barrières de bois cassées. Nous empruntâmes ensuite un long chemin de campagne où des massifs de fleurs égayaient les haies de leurs couleurs vives, tandis que des vaches broutaient paisiblement de l'autre côté. Je commençais à m'agiter pour mieux profiter du spectacle quand la voiture ralentit : nous étions arrivés.

Dans ce qui me semblait plus proche d'un pré que d'un jardin se tenaient deux petits cottages de brique rouge aux portes et aux fenêtres fraîchement repeintes. Une allée de gravier assez large pour y garer les deux véhicules permettait d'y accéder.

Mes yeux furent attirés par la maison d'à côté. Il y avait des pots de géraniums devant l'entrée, des rideaux pastel aux fenêtres, et une belle balançoire sur la pelouse ; de légères fumerolles s'échappaient de la cheminée.

Une odeur fraîche et accueillante nous parvint

lorsque mon père ouvrit la porte de notre cottage. Un poêle noir et brillant se trouvait au fond du salon carrelé. Des fleurs recouvraient le papier peint fraîchement posé, et en avançant dans la cuisine, je découvris un évier d'un blanc étincelant. Mon père et ses amis commencèrent à décharger la camionnette, et quelques minutes plus tard, elle était vide. Les lits furent portés à l'étage et le reste de nos biens empilé au milieu de la pièce principale. Pour finir, le vélo de mon père fut posé contre le mur extérieur. C'était terminé.

Fatigué et pleurnichard, mon frère avait été installé dans son landau, où il avait fini par s'endormir.

— Quelqu'un veut boire quelque chose ? lança gaiement ma mère.

— Merci bien, une autre fois plutôt. Vaudrait mieux qu'on y aille, répondirent les hommes sans proposer plus d'aide.

Nous regardâmes la camionnette et la voiture s'éloigner depuis l'encadrement de la porte.

— J'ai fait ma part, déclara alors mon père. Je vais descendre au pub et leur payer quelques bières pour les remercier du coup de main. Ils veulent me présenter aux habitués, comme ce sera mon nouveau repaire... Marianne est assez grande pour t'aider, maintenant. De toute façon, arranger les meubles et tous ces machins, c'est un boulot de femmes.

Avant que ma mère n'ait le temps d'ouvrir la bouche, il enfourcha son vélo et se mit à pédaler dans la direction empruntée par ses amis.

Je posai délicatement mon sac de poupées et regardai ma mère, qui contemplait avec tristesse la silhouette de mon père disparaissant dans le lointain.

Ses épaules eurent un mouvement de découragement

et elle soupira en songeant au travail qu'il restait à abattre, avec seulement une fille de sept ans pour lui prêter main-forte. L'animation et la joie avaient disparu de son visage et cédé la place à la fatigue et à l'abattement.

— Mon Dieu, me dit-elle, par quoi faut-il commencer ?

N'ayant pas la réponse, je scrutai la pièce, impuissante.

— Je vais t'aider, maman, tentai-je de la réconforter, sans trop savoir comment m'y prendre.

Mais à peine avais-je prononcé ces mots que j'entendis le craquement du gravier, et vis un sourire se dessiner sur le visage de ma mère. Une voix se fit entendre : « Bonjour, bonjour ! » Levant la tête, je découvris une grande femme blonde à la coiffure sophistiquée, qui portait des chaussures à talons hauts – fait étrange si l'on considérait que nous étions à trois bons kilomètres du bourg.

Elle se pencha à ma hauteur pour que nos yeux se rencontrent et me sourit.

— Salut, dit-elle. Je m'appelle Dora. J'habite juste à côté, ajouta-t-elle sans que la précision fût nécessaire, puisque nous avions les deux seules maisons des environs.

— Tu dois être Marianne.

Je lui rendis son sourire et fis oui de la tête avec enthousiasme.

— Je sais ce que c'est, ce genre de journée, dit-elle à ma mère sans faire référence au fait qu'on nous avait laissées sans aide.

Elle lui donna une petite tape amicale sur l'épaule et proposa avec légèreté :

— J'ai pensé que vous pourriez faire une petite pause avant de vous y mettre. Venez donc chez moi : le poêle est allumé, et j'ai de quoi vous faire un petit remontant.

Après avoir jeté un coup d'œil coupable aux cartons et aux sacs éparpillés dans la place, ma mère accepta avec gratitude. Je poussai le landau et les suivis sur la courte distance qui séparait les deux portes d'entrée. Comme chez nous, on arrivait directement sur la pièce de vie. Un immense parc pour bébé remplissait presque les deux tiers de cet espace. Deux bébés y jouaient tranquillement avec des briques en bois colorées. D'autres jouets, probablement jetés par eux, jonchaient le sol à l'extérieur du parc.

— Mon meuble le plus indispensable ! lança-t-elle en riant.

— Viens là, petit bonhomme, dit-elle à mon petit frère qui venait de s'éveiller et semblait sur le point de hurler.

Elle le prit dans ses bras et, avant qu'il ait eu le temps de protester, se mit à le faire tournoyer dans les airs, provoquant chez lui une hilarité soudaine. Puis elle le reposa doucement dans le parc, à côté de ses deux enfants. On lui passa une voiture en bois, que ses petites mains potelées saisirent prestement. Il nous adressa un grand sourire avant de focaliser toute son attention sur son nouveau joujou.

— Voilà qui devrait l'occuper, commenta Dora en proposant à ma mère de s'asseoir.

Une assiette remplie de gâteaux glacés fut soudain placée devant moi sur la table.

— Servez-vous ! nous dit-elle, amusée par le regard ébahi que je ne pouvais détacher de l'assiette.

Sans plus me faire prier, je tendis le bras pour prendre un gâteau au glaçage rose pâle, décoré de petites billes argentées. Il y eut du jus de fruits et des biscuits pour les plus petits, et un délicieux thé pour ma mère et moi.

C'était la première fois que je voyais ma mère se détendre. Le temps passa rapidement au gré de leurs bavardages. Les trois bébés s'amusaient, contentés par un supplément de biscuits, et je m'amusai aussi, reprenant subrepticement des gâteaux en regardant les images de quelques magazines féminins. De tels petits plaisirs avaient rarement leur place à la maison.

— Laissez-moi donc le bébé, proposa Dora tandis que nous nous apprêtions à repartir à contrecœur. Ce sera beaucoup plus facile pour vous de tout déballer si vous ne l'avez pas sans cesse dans les jambes.

Ma mère n'y trouva rien à redire.

Le lien d'une amitié nouvelle et tant attendue commençait déjà à se former.

9

Une semaine après notre emménagement, ma mère invita Dora à prendre le thé.

« Je ne sais pas ce que vous trouvez à vous raconter, vous, les bonnes femmes, maugréa mon père, surtout quand vous vous voyez tous les jours. Bon, je passerai au pub après le boulot. Je serai là pour le dîner. »

Sur ces mots, il quitta la maison, et je perçus le soulagement sur le visage de ma mère.

Ce jour-là, elle se mit à chanter à tue-tête. Probablement pensait-elle qu'il existait enfin une vie pour elle en dehors de ses quatre murs. J'imagine qu'elle rêvait d'aller faire du shopping avec sa nouvelle amie, de passer des après-midi au cinéma, ou de prendre un café avec elle le matin. Peut-être s'était-elle autorisée, l'espace d'une journée, à oublier que son manque total d'argent viendrait immanquablement ternir ce joli rêve.

C'était un bel après-midi de printemps, et l'on m'envoya jouer dehors. Mon frère était gardé à l'intérieur, encerclé par un parc improvisé fait de cartons et du pare-feu, et il semblait clair que ma mère ne souhaitait pas m'avoir non plus dans les pattes. Elle m'avait lavé les mains et le visage juste avant, et fait revêtir une robe propre, achetée dans le courant de la semaine dans une boutique d'occasion.

« Nous avons de la visite », me prévint-elle sans que cela fût bien nécessaire. « Ne t'éloigne pas, et surtout ne te salis pas. » Consciente que si je n'obéissais pas je serais privée des bonshommes de pain d'épice qui étaient en train de cuire et dont le parfum me mettait déjà l'eau à la bouche, je me hâtai d'obtempérer.

Le vieux chien de berger, qui venait de la ferme, sommeillait près de la porte de derrière. Des mouches volaient autour de sa tête. Quand l'une d'entre elles se posa sur sa truffe, son corps tressauta mais il refusa de s'éveiller. Les quelques poules qui nous fournissaient chaque jour des œufs gloussaient en grattant le gravier, leurs yeux inquisiteurs scrutant le sol en quête de nourriture.

Paisible, je m'installai sur un petit tabouret, profitant de la douce chaleur du soleil tandis qu'un oisillon tentait de prendre son premier envol non loin de moi. J'avais découvert le nid le lendemain de notre arrivée.

Intriguée par un bruissement, je m'étais approchée de la haie et y avais découvert un douillet enchevêtrement de brindilles où nichaient des oisillons. Avec beaucoup de précautions, les feuilles qui les dissimulaient des regards furent remises en place par mes soins, et, peu de temps plus tard, je vis la mère oiseau rentrer au nid pour nourrir ses petits. Chaque jour, depuis lors, je m'asseyais dans l'espoir d'assister à cet événement.

Le moment était venu. Captivée par le spectacle des oiseaux lissant leur plumage, j'étais si attentive à ne pas bouger d'un millimètre pour ne pas les effrayer que je ne remarquai même pas la paire d'yeux brillants fixée sur sa proie, la langue qui se léchait les babines et la lèvre tremblante d'excitation à l'idée de bientôt commettre son crime. J'étais totalement inconsciente du danger qui rôdait autour de nous.

Aucun de mes sens ne frémit, et je n'entendis pas le moindre son quand le prédateur s'approcha doucement, sur la pointe des pieds. Je ne m'en rendis compte qu'au moment où il bondit, faisant passer un léger courant d'air sur ma peau. Un cri strident retentit soudain, et des plumes tachées de sang volèrent de part et d'autre. Je me mis à hurler. Le chat du fermier, une plume claire sanguinolente au coin de la gueule, fit le dos rond en me regardant à son tour. Il n'avait plus rien de l'animal domestique, de la douce créature ronronnant que j'adorais caresser. Le chat ne montra aucun signe de remords et se détourna pour repartir dans la haie, un oisillon entre les crocs.

La mère oiseau gisait par terre, les plumes en bataille et ensanglantées. Il me sembla que l'un de ses yeux me regarda d'un air plein de reproche avant de se refermer pour toujours. Je me mis à crier de nouveau.

Alertée par mes hurlements, ma mère arriva en courant. Les larmes me coulaient du nez, des yeux, et ruisselaient sur mes joues. D'une main tremblante, je désignai le pauvre petit corps de l'oiseau : « Regarde, regarde ce que le chat a fait ! » Mes sanglots redoublèrent.

— Viens, Marianne, arrête de nous casser les oreilles et rentre à la maison, me répondit ma mère en m'attrapant le bras.

Je rejetai son geste avec colère. C'est alors qu'une voiture entra dans la cour commune. À travers mes larmes, je distinguai un homme mince et brun qui en descendait et se dirigeait vers nous.

— Allons, allons, furent ses premiers mots pour moi. Pourquoi une jolie petite fille comme toi pleure-t-elle donc ?

Peu habituée aux mots gentils, je levai la tête pour le regarder. Je vis des yeux bruns chaleureux et visiblement pleins d'attention à mon égard me contempler. Il sourit à ma mère et me tendit la main.

— Viens, dit-il, j'ai quelque chose qui devrait te faire plaisir.

Sans me poser plus de questions, je glissai ma petite main dans la sienne. Il me remit gentiment sur mes pieds et m'emmena jusqu'à sa grosse voiture noire.

Il ouvrit la portière, sortit un paquet de bonbons colorés de sa boîte à gants et en versa quelques-uns au creux de ma main.

— J'étais sûr que c'étaient tes préférés, me dit-il.

Pleine de cette confiance totale et instantanée que seuls possèdent les enfants, je le dévisageai avec stupeur. Comment le sait-il ?, me demandai-je. Comment pouvait-il le savoir alors qu'il ne m'avait jamais vue auparavant ? L'image de l'oiseau mort commençait déjà à s'éloigner de moi alors que je le suivais jusqu'à la cuisine de ma mère, ma main libre au creux de la sienne.

Il prit place sur notre canapé. Désireuse de rester près de lui, je m'installai sur l'accoudoir.

— C'est normal qu'un chat fasse ça, tu sais, Marianne, m'expliqua-t-il avec douceur en essuyant les dernières traces de mes larmes avec un beau mouchoir bien blanc. Ils trouvent plus faible qu'eux, et ils le tuent. Ça fait partie de leur nature, et nous ne pouvons rien y changer, n'est-ce pas ? Non, on ne peut jamais changer notre nature.

Bien trop jeune pour comprendre, j'approuvai docilement.

Il posa délicatement son bras sur mes épaules, me rapprocha de lui, et me murmura tout bas :

— Voilà. Ça, c'est une bonne petite Lady.

10

Je frémis en me remémorant ce souvenir.

Je songeai ensuite à l'attention dont j'avais entouré mes enfants pendant qu'ils grandissaient. Jamais je n'avais pu me contenter de les prévenir de ne pas parler aux inconnus. Pleine de suspicion, je passais systématiquement en revue tous les amis de mon mari, observais attentivement les voisins, et si la main amicale d'un homme venait se poser sur la tête d'un de mes fils en faisant un commentaire comme « Quel bon garçon vous avez là ! », mon corps se raidissait dans une sorte de révulsion.

Je décortiquais toutes les invitations de mes fils à se rendre chez leurs camarades, en demandant, par exemple, si les deux parents y seraient présents simultanément.

« Ne fais pas tant d'histoires, maman, ronchonnaient mes fils devant mon excès de vigilance. On le sait, qu'on ne doit pas accepter de bonbons de la part des inconnus ! »

Je me rappelais alors la petite fille vulnérable que j'avais été, et l'homme qui avait cherché une enfant assoiffée de tendresse pour gagner sa confiance avant de la contrôler par la terreur.

Comment expliquer à mes enfants que ce n'était pas des inconnus, dont j'avais peur ?

Notre nouveau domicile était plus éloigné de l'école que le précédent. Il me fallait presque une heure de marche pour rejoindre l'arrêt d'autobus, mais cela ne m'embêtait pas vraiment.

J'aimais l'endroit où nous vivions, j'aimais le fait qu'il soit propre et que ma mère ait l'air plus heureux. Même mon père semblait plus épanoui.

Nous avions déménagé au printemps, et eûmes du beau temps pendant les premières semaines.

Je sentais la promesse de l'été flotter dans l'air, et qui disait été disait longues semaines de vacances et libération de l'école.

Mais quand ce traître de soleil anglais disparut derrière de gros nuages noirs et que des bourrasques de vent se mirent à souffler à travers champs, courbant les arbres et éparpillant leurs feuilles, les chemins m'apparurent plus longs et ma maison trop éloignée. Je commençai alors à frissonner sous l'effet du froid et d'une petite appréhension.

C'est lors d'une de ces journées venteuses où la pluie me coulait le long du cou, mes bottes en caoutchouc frottant contre mes jambes mouillées, et mon cartable me paraissant devenir plus lourd à chaque pas, que j'entendis le bruit d'une voiture qui ralentissait derrière moi.

Je me déportai sur le bord de la route, attendant qu'elle passe, quand le bruit du moteur s'arrêta. Le cœur battant, je pris soudainement conscience de l'obscurité qui m'enveloppait, et de la distance à laquelle je me trouvais de l'habitation la plus proche.

— On ne va quand même pas laisser ma petite Lady se tremper comme ça, tout de même !

Je frémis un instant, me rappelant qu'on m'avait toujours dit de ne pas parler aux étrangers, même si je ne comprenais pas très bien pourquoi.

« Tu fais comme je te dis et tu ne poses pas de questions », avait aboyé ma mère quand je lui en avais demandé la raison.

Mais je connaissais cette voix : c'était l'homme de la maison d'à côté.

— Allez viens, saute

N'ayant nul besoin d'être convaincue pour échapper à la pluie, je m'exécutai immédiatement.

Il sortit une petite serviette et m'en frotta gentiment la tête avant de remettre mes cheveux en ordre.

Il prit ensuite mes petites mains rougies par le froid entre les siennes, qui étaient grandes et chaudes.

— Voilà qui devrait suffire à te réchauffer, dit-il en soufflant sur mes doigts et en les frottant doucement.

Il ouvrit la boîte à gants et en sortit un tube jaune de *sherbet*[1], avec son petit bâton de réglisse noir.

— Tiens, ça, c'est pour toi. Mon petit doigt m'a dit que tu les aimais autant que ceux de l'autre jour, fit-il avec un clin d'œil.

Comblée, je m'adossai au siège de cuir en dégustant ma friandise. Pour une fois, le trajet jusqu'à la maison me parut trop court.

---

1. Sherbet Fountain : friandise à base de sorbet effervescent et d'un bâton de réglisse, commercialisée avec succès en Grande-Bretagne depuis 1925. *(N.d.T.)*

Le jour suivant, comme les épais nuages noirs annonçaient toujours autant de pluie, il m'attendait devant les grilles de l'école.

Voyant les autres enfants observer sa voiture, je sentis soudain ma poitrine se gonfler de fierté. Non seulement quelqu'un était venu me chercher, mais quelqu'un avec une belle voiture noire.

— Je ne voulais pas la laisser attraper la mort, se justifia-t-il auprès de ma mère en me raccompagnant jusque dans la maison.

— C'est très gentil, merci, répondit-elle avant de me regarder. Dis merci, Marianne.

Et je le remerciai.

Désormais, j'appelais chaque jour l'eau du ciel de mes vœux, car l'homme d'à côté m'attendait à coup sûr dès que la pluie tombait.

11

À l'âge de sept ans, je savais que ce n'était pas bien d'être sale. À l'école, on me disait de me laver le cou, de retirer la saleté que j'avais sous les ongles et de me brosser les cheveux.

J'essayais bien de m'astiquer un peu, mais le miroir que mon père utilisait pour se raser était trop haut pour moi. Je savais que mes vêtements n'étaient pas lavés assez souvent et que mes cheveux étaient gras. C'est Dora qui me vint alors en aide.

« Ta maman est si occupée avec les petits », était son seul argument lorsque je me plaignais que la bassine de métal ne soit pas plus souvent sortie, et des soucis que cela me causait à l'école. « Tu peux prendre un bain ici. »

Je pris donc l'habitude de le faire une fois par semaine. Elle me donnait du savon parfumé et du talc, et quand je lui confiai que j'avais honte de me changer pour les cours de sport à cause de l'état de mes culottes, elle m'acheta de nouveaux sous-vêtements.

— C'est juste un petit cadeau, se défendit-elle face aux protestations de ma mère. Elle s'occupe tellement bien des enfants que je lui devais bien un petit quelque chose.

J'adorais la sensation d'être propre de partout, et sentir le parfum de fleurs sur ma peau. Dora me montra comment faire boucler mes cheveux.

— Donne juste un coup de brosse à tes cheveux le matin ensuite, et tu auras une tout autre allure.

Après cela, je me rendais chaque matin à l'école avec les cheveux bouclés, la face nette et un sourire plein de l'espoir que quelqu'un puisse désormais m'aimer. Les professeurs cessèrent de se plaindre de mon apparence négligée, mais les enfants, qui me voyaient encore avec mes vieux vêtements et mes bottes en caoutchouc, continuèrent de m'ignorer. Ma sœur naquit au moment des vacances de Pâques, et j'assistai de nouveau au spectacle de l'amour de mes parents pour un autre membre de la famille. Cette fois, l'énergie de ma mère sembla être sapée par les exigences du nouveau-né. J'avais l'impression que chaque fois qu'elle m'adressait la parole, c'était uniquement pour me demander de l'aider à faire quelque chose.

En quelques rares occasions, que je chérissais, ma mère avait l'air moins fatigué. Elle m'adressait alors un sourire et passait sa main dans mes cheveux en me disant : « Tu es une gentille fille Marianne, tu le sais, ça ? » Et cette simple petite phrase d'affection suffisait à me rendre le sourire, à moi aussi.

Pourtant, la plupart du temps, elle ne s'interrompait guère dans ses tâches pour me remercier après que j'aie fait tout mon possible afin de lui être utile.

Il m'incombait de plus en plus souvent de m'occuper de mon frère, qui avait atteint l'âge de mettre ses doigts dans les prises électriques et de vider par terre le contenu des meubles sans clé pour tout porter à sa bouche.

— Emmène-le jouer avec les miens, me proposait Dora quand elle me voyait surveiller le landau.

— Tu es une vraie petite maman, me disait-elle tandis que je surveillais le parc où mon frère et ses deux enfants jouaient gaiement ensemble.

Les compliments de Dora m'enchantaient, et je me délectais du jus d'orange et des gâteaux qu'elle achetait au magasin. Mais, chaque fois, c'était ses pas à *lui* que je guettais, espérant qu'*il* rentre avant mon départ.

Les voisins étaient soudainement devenus les parents que j'aurais aimé avoir. Seulement, malgré toute la gentillesse de Dora, c'est *lui* qui devint dans mon imagination la figure paternelle dont j'avais besoin, et je me mis à le suivre comme un petit chien qui a enfin trouvé quelqu'un qui lui prête de l'attention.

C'était toujours lui qui prenait le temps de répondre à mes questions de petite fille.

— Pourquoi n'y a-t-il plus de souris dans les plinthes ? Où sont-elles passées ? Maman dit qu'elles ne devraient pas tarder à revenir.

— Eh bien, petite Lady, répondait-il avec patience, en hiver, lorsqu'il fait très froid, elles ne parviennent pas à trouver de nourriture, alors elles se glissent dans les maisons et se cachent. Et quand nous dormons, elles sortent de leur cachette pour chercher leur nourriture. Mais avant qu'on ne se réveille, elles retournent vite se cacher.

— Dans les plinthes ?

J'imaginais des familles entières de souris, nous épiant à travers les trous en attendant que nous allions nous coucher pour qu'elles puissent avoir leur festin nocturne.

— Oui, derrière les plinthes, et il riait de ma curiosité.

— Et pourquoi maman se met-elle en colère quand elle les voit ?

— Les femmes ne les aiment pas.

D'autres fois, il faisait des ombres chinoises de lapins, de chiens ou de chevaux sur les murs de la maison. Quand j'en demandais encore plus, il enlevait le foulard coloré qu'il portait chaque jour noué autour de son cou – sauf les dimanches, où il portait une cravate –, et il le pliait alors de façon à projeter l'ombre de deux oiseaux sur les murs. Il les appelait Peter et Paul, et juste avant qu'ils ne disparaissent, une aile venait doucement me caresser le cou. Je me sentais rayonner de bonheur et le gratifiais du plus beau de mes sourires.

Depuis la fenêtre de ma chambre, je pouvais voir son atelier. Il lui arrivait parfois de réparer des véhicules à l'extérieur. J'attendais qu'il apparaisse, puis dévalais l'escalier.

— Tu veux que j'emmène Stevie dehors, maman ? demandais-je en montrant mon frère du doigt.

— Oui, s'il te plaît, Marianne, que je ne l'aie plus dans les pattes, répondait-elle souvent. Je prenais alors la petite main de mon frère et le guidais au jardin, guettant le moment où le voisin me remarquerait.

Je n'attendais jamais bien longtemps. Comme s'il flairait ma présence, sa tête se tournait bientôt vers moi et un grand sourire illuminait alors son visage.

— Marianne, appelait-il, viens me donner un coup de main avec cette voiture, tu veux ?

Trop heureuse qu'on ait besoin de moi, je traînais mon frère derrière moi pour venir le rejoindre et remplir mon importante mission : lui tenir une clé, lui passer un outil ou même l'aider à faire reluire les chromes.

Par chance, mon frère était d'une nature docile et pouvait aisément être amadoué pour peu qu'on lui offrît un bonbon ou un biscuit.

— Passe un petit coup de chiffon sur la banquette arrière si tu le veux bien, Marianne, me demandait-il souvent. Désireuse de bien faire, je me faufilais immédiatement dans la voiture.

— Gentille petite fille, soufflait-il ensuite à mon oreille en me tapotant les fesses.

— C'est une véritable petite merveille que vous avez là, disait-il à ma mère chaque fois qu'elle apparaissait pour voir ce que je faisais. Ignorant le fait qu'il avait monopolisé du temps où j'aurais pu être utile chez moi, elle lui retournait simplement son sourire.

— C'est vrai, elle a toujours été une bonne fille, cette Marianne. Pas le moindre problème avec elle.

La complicité naïve de ma mère aux attentions de l'homme d'à côté fut ce qui scella mon destin. Peut-être une femme plus avertie aurait-elle mis en doute ses motivations. Mais il était notre voisin, celui qui avait aidé mon père à trouver un nouveau travail, et Dora avait donné à ma mère ce qu'elle attendait le plus au monde : l'amitié – et avec elle la fin de son immense solitude. Par conséquent, même si le doute avait commencé à s'immiscer, ma mère fit comme tant de mères le firent avant elle et comme tant d'autres le feront encore à l'avenir : elle le nia totalement.

Et puis, tout compte fait, j'avais enfin quelqu'un dans ma vie pour je comptais. Il me disait que j'étais jolie, me donnait des bonbons et écoutait patiemment mes bavardages. Il n'en fallait pas plus pour ravir mon cœur de petite fille.

12

Ce sont souvent des choses infimes qui font basculer le cours de nos vies. Le mien changea le jour où la petite chatte blanche entra dans notre maison. C'est après cet épisode que la peur que je ressentais envers mon père se transforma en véritable défiance, et que mon amour pour ma mère vacilla au spectacle de sa faiblesse.

J'avais atteint l'âge où l'on a envie d'avoir un animal à soi, que je pourrais prendre, cajoler, et emmener dans ma chambre pour lui confier mes peurs d'enfant. Ma poupée ne me suffisait plus.

« Non », m'opposa ma mère lorsque je lui demandai de prendre un chaton, encore échaudée par l'image du chat adulte qui avait mangé l'oiseau. Je savais qu'il valait mieux ne pas le demander à mon père. S'il y avait toute une colonie de chats à la ferme, ils n'y étaient tolérés que parce qu'ils régulaient la population de rats et de souris. Mais je continuais à les regarder tristement.

Malgré leur dédain ostensible du monde des humains, c'étaient eux que je voulais pour amis, et pas ces grands chiens noirs et blancs qui m'effrayaient.

Nous étions allés à la ferme pour acheter des œufs lorsque je vis la petite chatte blanche pour la première fois. Elle était assise à l'ombre, dans la cour, et nettoyait méticuleusement son pelage. Ses yeux verts croisèrent les miens, et je sus instantanément qu'elle était différente des chats sauvages qui habitaient les lieux. Je m'approchai d'elle pour la caresser, et, à ma grande joie, au lieu de rejeter mon affection, elle se mit à ronronner de satisfaction tandis que mes doigts parcouraient sa fourrure soyeuse.

Peut-être était-ce ce sentiment de différence qui la poussa à chercher un autre endroit pour donner naissance à ses chatons, et elle choisit pour cela l'arrière de notre maison. Un appentis y avait été construit pour stocker les bûches, ainsi qu'une petite remise pour le charbon.

Les bûches étant fournies gratuitement par la ferme alors que le charbon était payant, cette remise était devenue ma salle de jeux, et c'est précisément là que la chatte décida d'élire domicile. Je lui apportai clandestinement de la nourriture et lui expliquai qu'elle avait déniché le bon endroit pour s'installer. À l'aide de papiers et de vieux sacs de toile, j'eus tôt fait de lui confectionner un petit nid douillet.

Je quémandais régulièrement des soucoupes de lait à ma mère.

— Tu as intérêt à ce que ton père ne te voie pas, me sermonnait-elle. Elle appartient à la ferme, ce n'est pas un animal de compagnie, Marianne. Elle doit retourner là-bas. Et si tu continues de la nourrir, elle n'ira pas.

— Mais elle a faim ! protestais-je.

Ma mère soupirait.

— Elle est là pour attraper des souris, et si elle n'a pas faim, elle ne le fera pas.

Malgré tout, elle faisait semblant de ne rien voir lorsque j'embarquais des restes de repas dehors.

Je posais une soucoupe par terre et m'extasiais en regardant sa petite langue rose laper le lait. J'adorais sa façon délicate de faire sa toilette, de s'étirer, et j'aimais par-dessus tout la sensation de sa fourrure sous mes doigts quand elle ronronnait.

Je la baptisai Snowy, mais elle ne reconnaissait pas son nom et ne venait jamais lorsque je l'appelais.

— C'est un chat sauvage, disait ma mère, ignorant que Snowy dormait dans la petite remise.

Bientôt, la petite chatte s'arrondit. « Elle va avoir des chatons », m'indiqua ma mère. Elle secoua la tête face à ma requête de laisser Snowy profiter de la chaleur de notre cuisine pour mettre bas.

Les petits chats naquirent pendant la nuit. Je les découvris un matin où, comme chaque jour, j'attendais que mon père soit parti travailler pour me glisser dehors et me rendre dans la remise. Snowy était couchée sur le flanc, avec quatre chatons, deux tigrés, un roux et un tout blanc comme elle, accrochés à ses mamelles. Chaque jour de la semaine qui suivit, je venais observer ces petites boules de poil avec un plaisir croissant.

Je me demandais si leurs yeux allaient s'ouvrir, mais n'eus pas le temps de le savoir. Je prenais de moins en moins de précautions lors de mes visites à la petite famille, et j'avais oublié que le samedi, mon père partait travailler tôt et revenait ensuite pour le petit déjeuner. Ne me trouvant ni dans le jardin ni dans la maison, et constatant la nervosité de ma mère lorsqu'il lui demanda si je dormais encore, il se mit à ma recherche.

J'étais allongée à côté de la chatte blanche, en train de la caresser, heureuse et inconsciente du danger qui approchait. Il surgit soudain devant moi, tonnant, l'air enragé.

— Non mais à quoi tu joues, là ? hurla-t-il.

Sans attendre de réponse, il continua.

— C'est terminé, pas de ça ici.

Les larmes envahirent mon visage comme je le suppliais de les laisser tranquilles. Cela ne fit qu'aggraver sa colère. Sa main se leva et il m'infligea une grande claque dans le dos qui m'envoya à terre.

— Alors maintenant c'est toi qui me dis ce que j'ai à faire, hein ? Tu as besoin d'une bonne leçon, Marianne, je te le garantis.

Il s'engouffra dans la maison, me laissant croire un instant que j'avais gagné la partie. Mais je réalisai vite ce qu'il avait à l'esprit en le voyant bientôt revenir avec un grand sac.

De sa grosse main, il attrapa les chatons qui miaulaient à fendre le cœur et les jeta un à un au fond du sac.

— C'est de ta faute, Marianne, dit-il en me prenant par le bras et en me traînant sur un chemin, à travers champs et jusqu'à un étang.

Arrivé là, il prit de l'élan et y jeta le sac, qui flotta un peu à la surface avant de s'enfoncer rapidement. Je le regardai couler, les oreilles encore pleines des hurlements de détresse des chatons.

Ce son allait me hanter des heures encore après leur mort.

Je mis les mains sur mes oreilles pour ne plus entendre ces cris et laissai échapper une longue plainte d'incrédulité et de douleur. Aveuglée par les larmes qui inondaient mon visage, le nez coulant, je me mis à crier :

— Nooon !

— Arrête tout de suite de hurler, fulmina-t-il en me donnant une tape sur les jambes.

Je m'éloignai de lui en courant et partis me réfugier à l'endroit où se cachait la petite chatte. Je voulais lui dire combien j'étais désolée, combien j'avais aimé ses bébés, mais elle s'enfuit dès qu'elle me vit approcher, dans un dernier éclat de ses beaux yeux verts.

Elle ne revint jamais me voir.

Ma mère eut un regard désemparé vers moi lorsque nous rentrâmes, et je sentis que je lui en voulais presque autant qu'à lui. Pourquoi n'avait-elle pas pris ma défense, pour une fois ? me demandais-je.

Cette nuit-là, couchée dans mon lit, des larmes plein les joues, je voyais encore et encore la petite tête de Snowy me fixer avant de disparaître. Et je ressentis alors quelque chose proche de la haine envers mes parents. On ne me félicitait jamais, on ne me remerciait jamais, quoi que je fasse de bien. La seule chose que j'avais osé demander, c'était de pouvoir nourrir le chat. Je repensai alors à ce jour unique où je m'étais sentie si heureuse, et me penchai pour sortir ma robe adorée du papier où elle était enveloppée. Je la portai à mon visage pour sentir son odeur, l'odeur du bonheur, mais cette fois la magie n'opéra pas. Au contraire, je ressentis de la tristesse, et une forme d'appréhension de ce qui allait advenir.

Sanglotant encore, je m'endormis en pensant que depuis le mariage, une seule personne m'avait dit que je comptais beaucoup pour elle.

Le lendemain matin, je me mis à la recherche de l'homme d'à côté.

Il écouta attentivement le récit de mes malheurs, mais ne commenta pas les actes de mon père. Il s'agenouilla ensuite pour que ses yeux soient au même niveau que les miens, posa gentiment une main sur ma taille et me parla des fées qui vivent près de l'étang. Elles veillaient sur toutes les petites créatures comme les grenouilles ou les canetons, et n'auraient certainement pas laissé souffrir les petits chats.

Il expliqua qu'ils avaient dû partir sur les ailes des fées pour être emmenés au paradis des chats, où coulaient des ruisseaux de lait, où les souris étaient leurs amies et où le soleil brillait toujours.

Ses mots et les images qu'il dépeignit me réconfortèrent quelque peu, mais je ne pouvais pardonner à mon père, et l'homme d'à côté ne me suggéra à aucun moment que je devais le faire.

Il avait d'ores et déjà mon affection. La voie lui était désormais grande ouverte pour me contrôler. La façon dont il prit le pouvoir sur moi fut graduelle, une domination insidieuse qui finit par détruire toute ma volonté, au point que lui plaire devint d'une importance capitale. Une fois qu'il l'eut compris, il sut également que je ne parlerais jamais. Et une fois sa confiance en ma soumission acquise, son attitude envers moi allait se métamorphoser. Je n'avais alors aucun moyen de le savoir.

13

En entendant les autres enfants parler à l'école de leurs week-ends, de leurs vélos, de leurs jeux et même des livres qu'ils commençaient à lire, je sus que je ne pourrais partager avec eux ce que j'aimais faire le plus. Et que je ne pourrais pas non plus l'écrire dans la rédaction demandée par la maîtresse, qui devait porter sur ce que nous avions fait de notre temps libre.

Je ne leur racontai donc jamais que, lorsque je parvenais à m'extraire de la surveillance de mon frère ou de ma mère, mes pas me portaient par-delà les grilles du jardin, sur les chemins de campagne et dans les champs où dormaient des trésors cachés aux yeux du commun des mortels, mais pas aux miens.

Arrivée là, je fouillais les haies dans l'espoir d'y découvrir un nid rempli de petits œufs mouchetés, ou même d'oisillons. Quand cela se produisait, je prenais mille précautions pour ne pas déranger le nid et empêcher la mère d'y revenir. Je savais qu'il ne fallait pas y toucher, sans quoi le nid serait abandonné et les petits mourraient de faim.

À l'école, j'entendais les garçons se vanter du nombre de nids qu'ils avaient ramassés. J'avais envie de leur dire qu'ils tuaient de petits oiseaux en faisant cela, mais je savais qu'ils me riraient alors au nez, ou pire, qu'ils pourraient se mettre à me tirer les cheveux et à me dire que je sentais mauvais. Cela non plus, je ne leur dis donc pas.

Les jours les plus chauds, quand rien ne venait perturber la paix somnolente de la campagne, je récoltais des poignées de fraises sauvages qui poussaient au pied des haies vives. Je m'allongeais sur le dos pour les manger, regardant paresseusement passer les papillons colorés et les abeilles en quête de pollen. Un jour, il m'arriva même de perdre toute notion du temps en m'adonnant à la contemplation d'une fourmilière.

J'étais émerveillée par l'affairement des milliers de fourmis peuplant cette colonie, et me demandais comment de si petites choses pouvaient construire un si vaste habitat, comparé à leur taille. Mais c'est l'étang qui demeurait mon endroit préféré.

Peu de temps après notre emménagement, l'homme d'à côté m'avait appris comment confectionner un filet avec un morceau de mousseline et une baguette. Il m'avait ensuite montré la façon dont on pouvait recueillir les œufs de grenouille, et donné une bassine pour les y déposer. Il m'expliqua qu'ainsi, je pourrais les voir se transformer en têtards, puis, dans quelques semaines, en grenouilles.

« Tu peux la laisser dans mon atelier », m'avait-il proposé, renforçant ainsi notre alliance et le fossé entre moi et mes parents. « Tu regarderas les têtards grandir jusqu'à ce qu'ils aient une bonne taille, puis nous les relâcherons. »

J'ajoutai des plantes issues de l'étang et de petites pierres à la bassine, et observai les petites boules noires s'allonger pour prendre une forme identifiable, durant les trois semaines suivantes.

Il fallut patienter jusqu'à la fin des vacances de Pâques pour que la métamorphose des œufs en têtards, avec leur petite queue qui se tortille, fût complète. Souhaitant qu'ils se sentent comme chez eux et jouissent de plus d'espace pour grandir, j'entrepris de les faire passer de leur première bassine à une autre, plus grande, où j'installai encore plus de pierres et de plantes aquatiques.

Une fois qu'ils nous parurent assez grands pour avoir une chance d'échapper aux poissons, nous les ramenâmes à l'étang. Au début de l'été, je les vis changer encore pour passer de l'état de têtard noir frétillant à celui de petite grenouille vert brun sautant, nageant et prenant le soleil sur les pierres ou dans les herbes qui entouraient l'étang. En les regardant, je me demandais quelles étaient celles que nous avions aidées à se transformer en ces petites créatures.

Après la noyade des chatons, je n'avais tout d'abord pas voulu revenir sur les lieux de cette scène. Je ne me les imaginais que trop bien, pourrissant dans leur tombe aquatique. Mais après que l'homme d'à côté m'eût parlé du paradis des chats et du fait que les chatons n'aimeraient pas me savoir triste, je me sentis plus à l'aise.

Toutes les fois où il m'attendrait là-bas... Voilà encore une autre chose que je ne pourrais pas dire à la maîtresse d'école.

Les grandes vacances arrivèrent enfin. Six semaines sans école ! Je n'avais qu'une chose en tête : passer du temps avec les voisins.

Comme s'il avait lu dans mes pensées, mon père

m'informa rapidement que si je ne devais pas aller à l'école, je ne devais pas non plus croire que j'aurais six semaines de repos.

— Il va falloir aider ta mère, me dit-il sévèrement lorsqu'il me vit me diriger vers la porte le premier matin de ce que je croyais être la liberté. Tu es responsable de ton frère. Tu es assez grande pour ça, maintenant.

Quand j'en fis part à l'homme d'à côté, il se contenta de m'ébouriffer gentiment les cheveux en me disant que nous emmènerions ses deux enfants et mon frère avec nous pour aller à l'étang.

— Nous allons faire un pique-nique. Comme ça, ma femme et ta mère n'auront pas les petits dans les pattes.

Une poussette et ses épaules suffirent à embarquer les trois enfants, tandis que je fermais la marche en portant un sac plein de boissons, de tranches de cake et de biscuits.

Certains jours, il s'asseyait et posait doucement sa tête sur mon épaule en me disant qu'il était fatigué.

— Toi aussi tu dois être exténuée, Marianne, à tout le temps aider ta mère comme tu le fais. Allonge-toi et pose ta tête sur moi.

Heureuse, je m'exécutais. Ces premiers jours, alors que j'écoutais les bruits de la campagne en été, le bourdonnement des insectes, le chant des oiseaux, les éclaboussures de l'eau et le bruissement des feuilles et de l'herbe, je frissonnais de plaisir sous le doux mouvement de ses mains. Elles caressaient mon dos, marquant chaque vertèbre de ma colonne, caressaient mon cou, et passaient avec légèreté dans mes cheveux pour venir effleurer mes joues.

Tout près de nous, mais à bonne distance de l'eau,

les trois petits, la bouche remplie de bonbons, gazouillaient de contentement, tandis que je me lovais de plus en plus près de lui, comblée par les soins et l'attention qu'on me prodiguait enfin.

C'est lors d'un de ces après-midi d'été, un jour où les femmes avaient emmené les petits en ville, qu'il m'embrassa pour la première fois.

J'étais assise tête baissée, les bras enroulés autour de mes genoux, espérant voir quelque chose bouger au fond de l'eau trouble de l'étang.

— Marianne, sais-tu comment les fées embrassent ? demanda-t-il soudain.

Je ris, comme le font les petites filles embarrassées par la question d'un adulte.

— Non, répondis-je.

— Ferme les yeux, je vais te montrer.

Je sentis la caresse de ses cils, comme un toucher de plumes sur mes joues, et vis l'éclat de son sourire aux dents blanches quand je rouvris les yeux.

Il passa son bras autour de mes épaules et me rapprocha doucement de lui en s'étendant sur l'herbe.

— Et sais-tu comment les adultes s'embrassent ?

Je secouai la tête.

— Je peux te montrer ?

Sa main, qui caressait mes cheveux, vint délicatement prendre mon menton.

Je sentais mes yeux cligner. Au fur et à mesure que son visage s'approchait du mien, il devenait de plus en plus gros.

Pendant quelques secondes, comme il se tenait au-dessus de moi, il cacha la lumière et je ne vis plus le visage que je connaissais si bien, mais celui d'un étranger – et d'un étranger qui me faisait peur.

Sa bouche, beaucoup plus grande que la mienne, aspira mes lèvres en les mouillant, tandis qu'une de ses mains se raidissait sur ma tête et que l'autre descendait dans mon dos. Il caressa mes fesses et s'y arrêta fermement, me maintenant ainsi en place.

Il me renversa alors en arrière, pesant de tout son poids sur mon petit corps. Sa langue força un passage entre mes dents pour se glisser dans ma bouche, et je sentis de la salive couler sur mon menton.

J'étais coincée sous lui, mon souffle s'échappait en un halètement saccadé et mes jambes battaient l'air comme je tentais, paniquée, de m'échapper.

Reconnaissant soudain non seulement ma peur mais la marque du dégoût, il me relâcha brusquement, s'assit et essuya sa bouche d'un revers de main. Les larmes accumulées au coin de mes yeux menaçaient de déborder. Voyant cela, il s'empressa de me caresser le visage.

— Tu n'as pas aimé, Marianne ? me demanda-t-il. Tu sais, ça veut dire que tu comptes énormément pour moi. Tu veux compter pour quelqu'un, n'est-ce pas ?

La douceur de sa main frôlant mes cheveux, sa chaleur rassurante et les intonations familières de sa voix s'allièrent pour me calmer et, d'un coup, c'était tout ce qui m'importait.

— Oui, répondis-je.

Lui comme moi savions très bien que je venais de répondre à la seconde question, et non à la première.

Ce jour-là, une nouvelle étape venait d'être franchie. Il avait fait le premier pas vers ce qui allait changer son amitié en quelque chose de beaucoup plus sombre. Bercée par la chaleur de ses mains, le son de sa voix apaisante et mon désir d'être aimée, je ne réalisais pas à quel point tout cela allait devenir noir.

14

Ne possédant aucun livre à la maison, ma famille ne m'encourageait guère à la lecture, et il m'était assez difficile de déchiffrer les mots écrits.

Pourtant, lorsque, dans ma septième année, la maîtresse nous montra les illustrations du *Conte de Pierre Lapin* de Beatrix Potter, avant de nous lire des extraits de ses aventures, je fus captivée. Ces images, qui illustraient le monde magique de douces créatures à poils et à plumes vêtues à la mode victorienne et qui habitaient un royaume animal imaginaire, me subjuguèrent totalement.

Pour la première fois, je buvais les mots de la maîtresse, écoutant bouche bée le récit des tribulations de la famille de Pierre. Enfin, les mots ne flottaient pas vainement au-dessus de ma tête !

Au fil de la lecture de ces livres à la classe, je découvris les images de souris qui dansent, de canards qui parlent, d'écureuils et d'oiseaux. En fait, tous les animaux que je pistais dans les champs étaient présents dans les pages des livres de Beatrix Potter. Il m'eût alors été trop difficile de maîtriser leur lecture, mais dans les moments de calme que je trouvais parfois, je laissais le champ libre à mon imagination.

Je m'inventai mes propres contes d'une autre famille à poils, les souris, qui, au lieu d'habiter au pied d'un sapin comme Pierre Lapin, passaient l'hiver derrière les plinthes de notre maison et l'été dans les champs de maïs dorés.

Je les baptisai même Millie, Maisy, Squeaker et Jim, en écho à Mopsy, Flopsy, Dropsy et Pierre. Je brossais leur portrait dans ma tête et les habillais de vêtements modernes. J'imaginais l'histoire de leur vie, envoyant les petits à l'école des souris et le père au travail, pendant que la mère s'affairait à préparer des gâteaux.

Je tentais bien parfois de partager mes histoires avec ma mère, mais je ne recevais que les mots « vermine » et « piège » en réponse, et décidai finalement de ne plus me confier qu'à mes poupées.

J'asseyais mes deux poupées de chiffon et Belinda par terre, leur versais un thé imaginaire en leur offrant de prétendus gâteaux, posés sur de petits cailloux. Mes doigts et ma bouche se synchronisaient tandis que je leur racontais mes histoires tout en leur tricotant des écharpes de ficelle.

Jusqu'à ce que je rencontre l'homme d'à côté, je n'avais qu'elles à qui raconter mes secrets, mais il ne fallut ensuite que peu de temps pour qu'il me prête une oreille attentive quand nous nous installions au bord de l'étang.

Il écoutait mes histoires avec un apparent intérêt et m'en faisait l'éloge, me disant que je devrais les écrire quand je serai plus grande. Encouragée, je cherchais à captiver davantage encore mon unique auditeur.

À la ferme où travaillait mon père se trouvait un bâtiment délabré d'un étage, devenu l'habitat de prédilection de nombreux oiseaux, et où l'on rangeait les équipements et divers outils servant à l'exploitation. Autrefois, alors que la ferme n'était qu'une toute petite structure, elle avait hébergé la famille qui y travaillait la terre. Je posai d'abord quelques questions au fermier à ce sujet, à mon père et à l'homme d'à côté, puis je me mis à élaborer des histoires sur la façon dont l'existence devait se dérouler bien longtemps avant ma naissance.

Je me portais volontaire pour aller chercher des œufs, et, une fois arrivée à la ferme, je me faufilais dans l'intérieur sombre du petit cottage, cherchant des indices de la vie d'antan.

On y voyait une tache d'un jaune foncé striée de noir et de gris, qui partait du milieu du mur et montait jusqu'aux poutres du plafond. Je savais que c'était l'emplacement où se trouvait l'ancienne cuisinière à bois.

Je me plaisais à imaginer la famille y préparant ses repas, puis l'ouvrir pour réchauffer la pièce une fois qu'ils avaient terminé.

À chacune de mes visites, je tissais de nouvelles histoires à leur sujet, puis je les rangeais dans le rayon des livres de mon imagination.

Dans mes affabulations, il y avait une femme aux cheveux bruns, deux garçons d'environ mon âge, et un homme présent tous les soirs. Je les visualisais, tous assis autour de la table, prenant leur souper dans la bonne humeur sous la chaude lumière d'une lampe à pétrole.

L'homme d'à côté m'avait dit que la vie était dure dans ces temps-là, et que les travailleurs n'avaient que le Jour du Seigneur et Noël pour se reposer.

Sachant cela, je faisais travailler dur ma famille

imaginaire six jours sur sept, mais le dimanche, ils revêtaient leurs plus beaux habits et se rendaient à la messe en carriole.

Perdue dans mes rêveries d'un autre temps, je ne voyais pas le temps passer, jusqu'à ce que je rentre à la maison et me fasse gronder par ma mère pour mon retard. L'homme d'à côté était la seule personne avec qui je partageais ces histoires, mais j'ignorais qu'il les stockait dans sa mémoire pour mieux s'en servir le moment venu.

Il lui fallut attendre la fin des vacances pour mettre ces informations à profit. Depuis les mois qui avaient suivi notre emménagement, il s'était appliqué à peaufiner son rôle de parfait voisin.

« Avez-vous besoin que je vous rapporte quelque chose ? » demandait-il chaque fois qu'il partait au bourg faire une course pour Dora. Ma mère lui répondait toujours par un sourire de remerciement.

« Quel homme adorable ! Sa femme a bien de la chance », répétait-elle inlassablement.

Quand elle avait besoin de quelque chose, il proposait toujours que je l'accompagne.

— Emmène Stevie faire un tour avec nous, que ta mère soit un peu tranquille, argumentait-il.

Bien entendu, ma mère n'avait aucune objection à cela.

— Arrêtons-nous un instant, suggérait-il souvent quand nous atteignions les bois. Il m'enlaçait et faisait pleuvoir mille petits baisers sur mes joues.

— Ça te plaît ? me demandait-il ensuite, tandis que ses mains caressaient doucement mon dos.

Au début, le fait est que cela me plaisait bien.

Mais petit à petit, la nature de ses baisers changea.

Ce n'étaient plus les baisers de fées à coups de battements de cils sur les joues, mais de plus en plus de « je vais te montrer comment les adultes s'embrassent », et je savais déjà que je n'aimais pas cette façon de faire.

Lorsque sa langue forçait le passage entre mes lèvres, je la trouvais si énorme et si visqueuse que cela me faisait peur. « Que se passerait-il si elle s'enfonçait plus loin dans ma gorge et me faisait étouffer ? » m'interrogeais-je, incertaine d'être alors capable de respirer encore. Je sentais mon corps se tendre quand il me touchait les jambes. Je préférais quand il me caressait le dos, mais il ne le faisait plus jamais. Au lieu de quoi, ses mains glissaient sous ma robe pour venir toucher mes maigres cuisses nues. Je sentais ses doigts se rapprocher de plus en plus de ma culotte et serrais mes jambes aussi fort que possible, mais ses doigts déterminés parvenaient toujours à se faufiler sous l'élastique.

— Alors, tu aimes ça, Marianne ? me demandait-il chaque fois.

J'avais trop peur de lui déplaire en lui disant non.

Si ma réponse mettait trop de temps à arriver, un regard plein de déception envahissait son visage, et, ne voulant que lui plaire, je faisais alors ce qu'il voulait : je l'entourais de mes bras, murmurais « oui » et l'embrassais sur la joue.

La deuxième étape était franchie.

15

Cependant, les mots de réconfort dont j'avais besoin, ceux qui me disaient que je comptais beaucoup pour lui, ne suffisaient pas à dissiper le malaise que je commençais à ressentir. J'aurais aimé avoir quelqu'un à qui demander si ce que nous faisions était bien ou pas. Peut-être même aurais-je aimé avoir quelqu'un qui le pousse à stopper tout cela, car je savais que je ne pourrais le faire moi-même sans le mettre en colère et perdre son affection. Mais qui ? Je me posais désespérément la question.

Le dilemme qui se jouait en moi était de savoir si j'étais prête à perdre sa compagnie, dans ma conviction persistante qu'il était mon ami.

D'instinct, je compris que ce n'étaient pas des choses dont on pouvait parler. Et à qui aurais-je pu me confier, de toute façon ? Ma tactique consista donc plutôt à l'éviter.

Naïvement, je croyais dur comme fer les mots qu'il me murmurait depuis un moment : que je lui étais chère, que je lui manquais quand il ne me voyait pas, que j'étais sa petite Lady. Logiquement, je pensais qu'en le privant un peu de ma compagnie, je lui manquerais, et que par conséquent il voudrait de nouveau me rendre heureuse et arrêterait de me faire des choses que je n'aimais pas.

Mais je n'avais que huit ans, et je ne comprenais pas que mes ruses étaient vaines face à un homme de plus de trente-cinq ans. À ma grande tristesse, il sembla complètement indifférent à mon absence. Je m'attendais à ce qu'il vienne frapper à notre porte pour prendre de mes nouvelles, pour demander si je pouvais l'aider à lustrer sa voiture, partir en balade avec ses chiens ou inviter mon petit frère à jouer chez lui. Mais il ne fit rien de tout cela. Je l'observais depuis la fenêtre de ma chambre, la tête penchée dans le moteur de ses voitures, et après ce qui me parut durer des mois – mais devait plutôt se compter en semaines –, ma volonté fléchit. Je sortis de la maison et m'approchai nerveusement de lui.

Je me raclai la gorge, espérant qu'il me regarderait en souriant. Mais pour la toute première fois, il ne répondit pas avec sa convivialité habituelle. Il se comporta comme si, conscient de ma présence, il y était simplement indifférent. Je restai plantée là un moment, sentant que l'on m'ignorait, avant de demander d'une toute petite voix si je pouvais faire quelque chose pour l'aider.

Il leva lentement la tête vers moi sans l'ombre d'un sourire et me toisa sévèrement.

— Non, Marianne, je ne pense pas. Tu es encore une petite fille. Je te croyais différente, mais tu ne l'es pas. Je ne veux pas de l'aide d'une petite fille, alors sauve-toi et va jouer maintenant.

Je sentis une boule au creux de mon ventre et me mis à trembler. Toute pensée relative à ma stratégie m'avait désertée. Il ne restait plus que la peur, la peur qu'il pensât réellement ce qu'il venait de dire, car si lui n'était plus mon ami, qui me restait-il ?

— Je ne suis pas juste une petite fille, parvins-je à répondre en m'éloignant lentement, tête baissée.

— Eh bien, si tu n'es pas une petite fille, qui es-tu, alors ? me relança-t-il.

Mais je n'avais pas de réponse à cette question et me contentai de secouer la tête.

— Serais-tu ma petite Lady, peut-être ?

— Oui ! lui répondis-je, enthousiaste, et il sourit devant cette victoire si vite emportée.

Une autre frontière poussée à sa limite, une autre étape de franchie.

J'entendis un jour une actrice déclarer dans une interview que nous devons faire l'expérience du malheur pour pouvoir apprécier le bonheur. Je ne pense pas que ce soit exact. Nous ignorons combien nous sommes malheureux jusqu'à ce que nous fassions l'expérience du contraire. Nous ne ressentons le besoin d'être aimés qu'après l'avoir vécu, et, à l'âge de huit ans, je savais que je ne voulais pas perdre l'affection de la seule personne qui m'en avait témoigné.

Je n'avais aucun discernement sur ce qui était en train de se produire : il arrosait les graines de ma dépendance à coups de mots doux et de caresses, nourrissant mon besoin de son amitié.

Mais c'est lorsque je fis la rencontre de l'homme sans jambes que je franchis l'étape la plus décisive de mon enfance.

16

Il ne me fallut qu'une semaine pour être de nouveau déboussolée. Nous étions garés près du bois, et une fois de plus, je venais de faire quelque chose que je ne voulais pas. Cette fois, il y avait eu peu des douces caresses et des câlins que j'affectionnais.

Sa main avait agrippé ma tête pour venir la plaquer contre sa poitrine tandis qu'il entraînait ma main vers le bas de son ventre. Je n'entendais pas sa voix douce me murmurer des gentillesses à l'oreille, mais de profonds grognements qui laissaient sa bouche et son corps figés contre le mien.

Un fluide chaud et collant envahit ma main et s'y accrocha, tandis qu'une odeur aigre remplissait l'atmosphère confinée de la voiture. Je retins mon souffle, ne voulant pas la respirer.

Il leva ma main mouillée jusqu'à ma bouche, y faisant entrer de force un de mes doigts.

— Suce, Marianne, ça va te plaire, dit-il en me regardant attentivement.

Mes doigts avaient un goût salé et l'odeur bizarre était plus proche de mon nez que jamais. J'essayai de les retirer de ma bouche, ce qui le fit rire. Et pour la première fois depuis que je le connaissais, je sentis que son rire n'était pas avec mais contre moi. Les larmes de la trahison emplirent mes yeux avant de déborder pour couler sur mes joues. Mon visage était détourné du sien, mais je percevais la chaleur de son corps près de moi sur la banquette, j'entendais sa respiration, sa voix, et je sentais l'odeur de son after-shave.

— Allons, petite Lady, ne fais pas l'idiote. Regarde-moi.

Ses doigts se posèrent sous mon menton pour tourner mon visage vers lui, et le redressèrent pour que nos yeux se rencontrent.

— Marianne, as-tu déjà vu ton petit frère tout nu ?

— Oui, murmurai-je.

— Alors tu sais ce que les garçons ont ici ?

Il montra du doigt la chose qui dépassait encore de son pantalon, cette chose qu'il voulait que je prenne, cette chose que j'avais vu grandir comme si elle avait une existence propre.

Je ne parvenais pas à parler. Je voulais qu'il éloigne cette chose, qui n'avait rien à voir avec le petit robinet de mon frère.

Mais il ne le fit pas. Au contraire, d'une voix posée et légèrement amusée, il poursuivit.

— Ils ont ça, petite sotte. Tous les garçons en ont un, tu sais. C'est juste un peu plus gros, parce que je suis un homme. Bientôt tu apprécieras de le toucher. Les grandes filles adorent faire ça.

Je savais que ce ne serait pas le cas. Je n'avais pas aimé son contact dur et chaud contre mon ventre, ni la manière dont il avait coulé partout dans ma main. Mais je ne trouvais pas les mots pour dire ce que je ressentais.

Me voyant désorientée, il reprit en une seconde l'attitude bienveillante de l'ami qui prenait soin de moi. Il essuya mes doigts, caressa mes cheveux, me recoiffa et sortit un bonbon de sa boîte à gants pour le mettre dans ma bouche.

Ce soir-là, il me ramena à la maison plus tard que prévu.

— Je dois aller en ville voir quelqu'un. Je me suis dit que je pourrais ramener un *fish 'n' chips* pour tout le monde en revenant, dit-il à ma mère.

Il écarta en riant ses protestations lui défendant de tout payer.

— Ne t'inquiète donc pas pour ça. J'ai eu une petite rentrée d'argent inattendue aujourd'hui, alors ça me fait plaisir. Tu emmèneras les enfants chez moi, on dînera là-bas.

Face à la perspective d'une soirée sans le sempiternel ragoût et sans vaisselle, ma mère sourit avec reconnaissance et accepta cette offre généreuse.

— J'en prendrai aussi pour ton mari, qu'il ait un repas chaud à se mettre sous la dent en rentrant. Tu n'as rien de plus à faire, juste à venir te détendre chez nous avec Dora. Je ne resterai pas plus d'une demi-heure avec ce type. J'emmènerais bien Marianne pour m'aider à tout porter, si ça te va.

— Je ne veux pas y aller ! explosai-je.

— Qu'est-ce qui te prend, Marianne ? me demanda ma mère, furieuse. Excuse-toi tout de suite d'avoir été si mal polie.

En moi, je pensais : « Pourquoi ne devine-t-elle pas ? Pourquoi ne voit-elle pas pourquoi il veut m'emmener ? Peut-être que ça lui est égal ? » Ma tête tournait tant il fallait que je trouve le moyen de ne pas y aller. Mais je savais que protester davantage ne servirait à rien. Tout ce que j'y gagnerais, c'est une bonne tape sur les fesses avant d'aller au lit sans manger.

Je poussai un soupir de ressentiment et, sans mot dire, me levai de ma chaise.

— Peut-être qu'elle ne se sent pas très bien, dit-il en me regardant, l'air troublé. Allez, Marianne, un petit tour en voiture te fera du bien. N'est-ce pas ? ajouta-t-il en direction de ma mère.

— Je suis sûre que oui, répondit-elle en me jetant un regard hostile qui se transforma vite en un sourire pour lui.

L'homme d'à côté me tendit la main, referma ses doigts sur les miens et m'emmena hors de la maison.

J'étais terrorisée. Une punition m'attendait sûrement, en représailles de ma rébellion. Peut-être une gifle, pour mon impolitesse et pour avoir attiré l'attention sur l'intérêt qu'il me portait.

Mais je ne comprenais toujours pas à quel genre d'homme j'avais affaire. Il ne se serait jamais conduit comme mon père en situation d'échec. Les explosions de rage, les rafales de coups de poing, ce n'était pas son genre.

Il aurait considéré cela comme barbare et primaire, tout comme les cris de colère et les bordées d'injures.

Non. Sa cruauté à lui était bien plus subtile, et il allait m'en donner une leçon, ce soir-là, dont je ne pris pas conscience sur le coup. Sa méthode pour prendre le contrôle sur moi consistait en un égal dosage de manipulation et d'intimidation.

Après avoir eu la satisfaction d'infliger une blessure profonde, il y appliquait un baume de louanges et de justifications. Il ne l'avait fait que pour mon bien, me disait-il. Et une fois qu'il m'avait fait mal, et que je savais que c'était par sa faute, c'était lui qui arrangeait tout.

Alors que nous arrivions en ville, il tourna dans une rue sombre que je ne connaissais pas et s'arrêta en face d'une rangée de maisons délabrées en brique rouge.

Des lambeaux de rideaux s'échappaient des vitres brisées et les portes se balançaient sur des huisseries en bois pourries, laissant entrevoir le squelette d'escaliers et de murs décrépits.

Mon cœur se serra. Où m'a-t-il emmenée, cette fois ? me demandai-je.

S'apercevant de mon appréhension, il posa doucement son bras autour de mes épaules et me sourit, de ce sourire chaleureux que j'aimais tant, et qui me détendait rien qu'en le voyant.

— Je me souviens de toutes tes histoires, tu sais, Marianne, commença-t-il. Surtout de celles avec les gens qui vivaient à la ferme autrefois.

Surprise par cette conversation, je le questionnai du regard.

— Viens, sortons de la voiture. J'ai quelque chose à te montrer.

Délaissant mes appréhensions, je le suivis docilement et passai la porte de ce qui avait dû être le local d'un petit commerce.

Au beau milieu de cette pièce vide, il me raconta que sa grand-mère avait habité dans l'une de ces maisons, et qu'il avait joué dans la rue où nous étions garés.

— Regarde autour de toi, dit-il en désignant les étagères vides.

Et il se mit à décrire le magasin, tel qu'il avait été autrefois. Ses étagères étaient alors pleines de bocaux de bonbons, de paquets de thé, d'œufs frais et d'articles ménagers. Le commerçant passait douze heures par jour debout derrière son comptoir, enveloppant les objets dans du papier, vendant les cigarettes à l'unité pour les plus pauvres, et faisant crédit aux femmes qui attendaient que la paye hebdomadaire du mari tombe enfin. Comme il parlait, j'imaginais moi aussi à quoi ce magasin avait pu alors ressembler.

— Tu vois ce clou, dit-il en m'en montrant un près de l'endroit où devait se trouver la caisse enregistreuse. C'est là qu'il suspendait le cahier où il notait tout ce qu'on lui devait. Beaucoup de gens vivaient à crédit, à l'époque.

Tel un pinceau traçant des dessins sur une toile, ses mots coloraient les scènes de la vie de cette rue avant-guerre. Je voyais des groupes de garçons aux genoux écorchés jouant à la marelle et au cricket, faisant rouler des billes de couleur et collectionnant les paquets de cigarettes John Player. Captivée par son récit, je l'écoutai raconter comment ces garçons gagnaient quelques pennies en portant les courses des personnes plus âgées et plus riches qu'eux. Comment ils entraient alors au magasin, arborant fièrement leur pièce brillante pour choisir entre une pomme d'amour, un paquet de chewing-gums roses ou un *gobstopper*[1] noir et blanc.

— J'ai toujours adoré ces gros bonbons, dit-il en souriant.

J'essayai de l'imaginer enfant, mais n'y parvins pas.

Il me raconta la façon dont la guerre avait éclaté, et tous ces garçons à la peau encore douce, trop jeunes pour voter, mais qui avaient quitté la rue pour aller se

1. Bonbon dur et rond constitué de plusieurs couches, qui alterne les arômes en fondant doucement dans la bouche.

battre pour le roi et la nation. Comment les femmes avaient dit au revoir à leurs fils et à leurs époux, et attendaient de leurs nouvelles. Il dépeignit l'atmosphère de désespoir qui planait sur la rue lorsqu'un employé des télégrammes cherchait une maison, son arrivée annonçant presque toujours la mort d'un soldat. Il parla des bombardiers qui bourdonnaient dans la nuit et de tout ce qu'ils avaient largué sur l'East End et l'Essex, et comme la bataille d'Angleterre avait fait rage dans les cieux.

Il décrivit enfin l'immense fête qui eut lieu dans la ville pour célébrer la fin de la guerre, et comme la rue attendait impatiemment le retour de ses hommes.

— Oui, conclut-il, cette rue était autrefois une grande communauté. Et maintenant, on la laisse se dégrader pour la remplacer par un de ces nouveaux blocs de logements sociaux.

Il s'arrêta alors et regarda sa montre. Le récit était terminé.

— Bref, regarde bien ces pièces et l'arrière du comptoir. Je file un peu plus loin voir mon copain, et je repasse te prendre.

Avant que j'aie eu le temps d'ouvrir la bouche, il était parti.

C'est alors que deux choses se produisirent simultanément, qui me firent dresser les cheveux sur la tête.

Une porte que je n'avais pas remarquée s'ouvrit lentement du côté opposé au comptoir, laissant entrer une lumière floue qui projetait des ombres au sol, et j'entendis un bruit de glissement que je ne pouvais identifier. Les ombres dans l'ouverture de la porte se précisèrent, bougèrent, et je vis une silhouette se matérialiser... une silhouette plus petite que moi.

Elle était à contre-jour, ce qui m'empêcha tout d'abord de me rendre compte de ce que c'était. Puis, au fur et à mesure qu'elle avançait dans le magasin, je distinguai ce qui me semblait être la tête et les épaules d'un homme qui ne m'arrivait pas à la taille – car il n'avait pas de jambes.

Son buste, engoncé dans une vieille veste militaire, reposait sur un épais matelas. Il portait une brique rectangulaire dans chaque main, dont il se servait pour progresser. Le bruit de glissement que j'avais entendu était celui d'un matelas bougeant sous lui.

De longs cheveux gris et gras lui tombaient jusqu'aux épaules, et sa bouche était presque cachée par une épaisse moustache jaunie et une barbe non entretenue.

Cours ! cria une voix dans ma tête. Mais la peur m'enracinait au sol tandis que je fixais avec effroi ce qui ressemblait à une macabre créature de conte fantastique – une créature qui, par un improbable accident, avait été propulsée hors des pages d'un livre pour atterrir dans un univers inconnu. N'ayant jamais existé que dans la lecture d'une histoire, ses yeux gris pâle rougis, pleins de peur et de colère, clignaient en me regardant.

J'avais un monstre en face de moi ! Ma mère ne m'avait-elle pas mise en garde contre eux lorsque je n'étais pas sage ? Trop jeune pour ressentir de la pitié, je ne considérais pas son infirmité comme un fait tragique. Au lieu de quoi, la répugnance qu'il m'inspirait réduisait mes jambes en coton et couvrait mes bras de chair de poule. *Cours !* me pressa encore ma petite voix intérieure. Mais j'étais paralysée par une frayeur insurmontable.

Sa bouche s'ouvrit, révélant à la fois une langue

rouge brillante et les bords élimés de quelques dents noires. Il en sortit un son guttural et gargouillant comme je n'en avais jamais entendu de toute ma vie. Je laissai alors échapper un long hurlement de terreur.

Quand il m'entendit crier, ses yeux fixèrent les miens et les muscles de ses bras se raidirent contre la toile usée de sa veste tandis qu'il serrait ses deux briques. L'espace d'un instant, je crus qu'il allait se rapprocher, mais il fit brusquement demi-tour pour repartir par là où il était venu, laissant derrière lui une odeur âcre et de moisi. Je retrouvai alors l'usage de mes forces, et, trébuchant dans ma hâte, je me précipitai dehors en sanglotant.

Des bras forts me soulevèrent et une voix chuchota à mon oreille « Chut, petite Lady », pendant qu'une main effleurait doucement mes cheveux.

— Il y a un fantôme là-dedans ! dis-je en pleurant.

— Tout va bien, maintenant, me répondit l'homme d'à côté. Il ne peut rien t'arriver maintenant que je suis là.

Je passai mes bras autour de son cou et posai ma tête sur son épaule. Il m'avait sauvée.

Il démarra la voiture et se rendit à l'échoppe de *fish 'n'chips*. Sur le chemin du retour, je pris soin des paquets enveloppés de papier journal, essayant de réchauffer à leur contact mes doigts qui étaient glacés malgré la chaleur de cette nuit d'été.

Je ne lui demandai pas pourquoi il m'avait laissée seule là-bas. Cette question ne me vint à l'esprit que bien plus tard, quand j'entendis parler de l'histoire tragique de l'homme sans jambes.

Il avait dix-huit ans la dernière année de la guerre, quand il reçut les papiers l'appelant sous les drapeaux.

Deux mois plus tard, il était de retour, sur un brancard. Une mine avait explosé sous lui. Ses jambes furent amputées dans un hôpital de campagne où des médecins couverts de sang, œuvrant avec peu de lumière et encore moins d'anesthésiants, lui avaient scié les jambes.

Incapable d'affronter le regard plein de pitié et de dégoût des gens, il s'était alors caché dans l'obscurité des maisons abandonnées. Personne ne savait où était sa famille, et une fois que la rue où je l'avais croisé fut réduite en poussière par les équipes de démolisseurs, personne ne le revit.

Je n'appris tout cela qu'au début de mon adolescence. Je savais alors qui était le véritable monstre. Mais pour le reste de l'été de mes huit ans, l'homme d'à côté demeura mon héros.

17

Pendant la première année, l'homme d'à côté avait posé ses pièges un à un, puis attendu avec la patience du chasseur accompli traquant sa proie. Il avait gagné ma confiance, réussi à me faire croire qu'il me protégeait, et exacerbé mon besoin d'attention.

Je me souviens du jour où il scella le contrôle qu'il exerçait sur moi.

Nous venions de changer d'heure, ce qui réduisait le jour d'une heure en fin de journée. Les rayons du soleil avaient perdu de leur intensité et de leur chaleur. D'éternels nuages menaçaient dans le ciel, tandis que des rafales de vent froid transperçaient le tissu de mon manteau et provoquaient des tourbillons de feuilles mortes le long des trottoirs sur le chemin de la maison.

Chaque jour, en franchissant les grilles de l'école où personne ne me faisait un signe d'au revoir, ne me souhaitait un bon week-end ou ne me disait même « à demain », je cherchais du regard l'homme d'à côté, espérant qu'il serait là à m'attendre. Mais les jours passèrent sans le moindre signe de lui.

C'est un mois après le début du second trimestre qu'il refit son apparition. Ce jour-là, je traversais la cour pour me diriger vers l'arrêt de bus lorsque j'entendis le bruit familier de sa voiture qui ralentissait, et le son de sa voix m'appelant par la vitre baissée.

Je restai coite un instant, me demandant quelle personne venait d'arriver – l'ami qui rompait ma solitude et me donnait le sentiment d'être importante, mais que je voyais de moins en moins, ou bien celui qui garait sa voiture dans les bois et me mettait les mains autour de cette chose humide et chaude jusqu'à ce que je sente mes doigts coller et que j'entende ses râles dans mes oreilles. Je ne voulais pas qu'on me fasse faire ces choses que je n'aimais et ne comprenais pas.

— Hé ! Marianne, je te dépose ?

En voyant son grand sourire, je conclus que c'était l'ami qui était venu me chercher. En guise de réponse, mon visage s'illumina et je me ruai vers sa voiture, jetai mon cartable à l'arrière et sautai à ses côtés, sur la longue banquette avant.

— Comment va ma petite Lady ? me demanda-t-il avec une petite tape affectueuse sur le genou.

Il me dit d'ouvrir la boîte à gants et de me servir en bonbons. J'en remplis rapidement ma bouche et m'installai confortablement pour les déguster. À mi-chemin de la maison, il arrêta la voiture, mais cette fois, à mon grand soulagement, il ne s'était pas aventuré dans les bois. Il coupa le contact et se tourna vers moi.

— Alors Marianne, ça avance bien, la lecture ?

J'étais si stupéfaite de sa question que je me tournai vers lui pour le regarder, l'air interrogateur.

— Allons, Marianne, ce n'est tout de même pas une question compliquée ! dit-il avec une pointe d'impatience devant mon mutisme. Tu dois savoir où tu en es, maintenant.

— Pas terrible, parvins-je enfin à répondre, les yeux baissés. Je n'arrive pas à lire les mots en attaché.

Il rit et sortit un journal de la pochette de sa portière. Il me désigna la photo d'une jeune femme blonde en première page.

— Regarde bien ça, Marianne. Tu vois comme elle est jolie ?

— Oui, répondis-je avec hésitation, ne sachant trop pourquoi il me la montrait.

— Eh bien, il ne lui servira à rien d'être belle quand ils la pendront par le cou jusqu'à ce qu'elle meure, demain.

Je secouai la tête, incrédule, car si je n'étais pas sûre de ce que le mot « pendre » signifiait, je connaissais en revanche « mourir ». Cela voulait dire que quelqu'un partait et ne revenait plus jamais.

— Tu ne me crois pas, c'est ça ? Penses-tu que les journaux mentent ?

— Non, murmurai-je, effrayée par un je-ne-sais-quoi dans son intonation.

Je ne voulais pas regarder ce journal et entendre le mot « mort ». Je voulais rentrer à la maison. Mais il n'avait pas l'air d'être conscient de mon malaise croissant.

— Peux-tu lire ce que cet article raconte sur elle ? dit-il en me tendant le journal.

Je n'étais pas douée en lecture, et je n'avais jamais essayé de lire le moindre journal. Les seuls qui étaient présents à la maison étaient ouverts aux pages de sport, et, en l'absence d'images intéressantes pour moi, n'avaient jamais suscité mon intérêt. Mais je savais qu'il attendait quelque chose de moi. Désireuse de lui plaire, je fixai donc les caractères. Ils étaient beaucoup plus petits que les mots de mes livres d'école, et je ne parvins à en déchiffrer aucun. Il agita le journal sous mon nez en vociférant de frustration :

— Es-tu au moins capable de lire ce mot ? Son doigt pointait un mot écrit en gros, au-dessus de la photo. C'est un prénom de fille.

— Ruth, articulai-je prudemment.

— Oui, elle s'appelle Ruth Ellis. Et après, que racontent-ils à son sujet ?

Déconcertée, je remuai la tête. Je savais que c'était une forme de test, mais je ne comprenais pas ce qu'il attendait de moi.

— Allez, commença-t-il à s'impatienter, je suis sûr que tu peux lire quelques mots. Tiens, celui-là, par exemple, qu'est-ce qu'il dit ?

Il dirigea son doigt vers le milieu de l'article et pointa un autre mot.

— Je suis sûr que tu peux y arriver.

— P-e-n-d-u-e... Pendue ? réussis-je à articuler, la voix tremblante d'appréhension et d'humiliation.

— Oui, pendue, c'est bien ça, Marianne. Et tu sais ce que ça veut dire ?

— Non, répondis-je, tandis qu'une sensation de mal-être partait de mon ventre et commençait à gagner tout mon corps.

Je sentais bien que c'était un mot très négatif.

Je le fixai d'un air ébahi, sentant sa colère et son impatience monter sans comprendre ce que j'avais pu faire de mal. Je voulais le lui demander, mais une boule dans ma gorge m'en empêchait littéralement. Je ne pouvais que le regarder fixement.

L'homme d'à côté émit un grognement d'énervement. Ses mains surgirent soudain et avant que j'aie eu le temps de bouger, elles vinrent enserrer mon cou. Ses doigts exerçaient suffisamment de pression pour me faire peur, sans risquer pour autant de laisser des bleus révélateurs. Je me débattis sous son emprise, et il me relâcha brutalement.

Il m'expliqua ensuite ce que signifiait « pendue ». On passerait une corde autour de ce joli cou, et une capuche sur ce joli minois, afin qu'elle ne puisse pas voir ce qui se passait, mais elle savait très bien qu'elle se tiendrait sur une trappe qui allait s'ouvrir sous elle. Elle serait si effrayée, si seule, et elle pleurerait derrière cette capuche, mais personne ne serait là pour l'aider. Demain serait son dernier jour sur terre, et son départ allait être douloureux. Lorsque la trappe s'ouvrirait, son corps tomberait dans un espace sans sol. La corde se raidirait alors jusqu'à ce que le sang sorte de ses yeux exorbités et se mélange à ses larmes. Ses cris ne cesseraient que lorsqu'elle n'aurait plus de souffle, puis du pipi et du caca couleraient le long de ses jambes tandis que son corps se secouerait encore et encore au bout de sa corde.

— Et quand ils la couperont, Marianne, ils retireront la capuche. Sais-tu à quoi elle ressemblera, à ce moment-là, cette jolie femme ?

Je ne pouvais lui répondre. La scène qu'il venait de dépeindre était si vivante que je me mis à pleurer.

— Son visage sera bleu et sa langue sera gonflée et pleine de sang à force de l'avoir mordue. Non, elle ne sera pas belle à voir du tout. Et sais-tu pourquoi, Marianne ? Pourquoi va-t-on lui faire quelque chose d'aussi terrible ?

Voyant bien que j'étais incapable de parler, il répondit de suite à la question.

— Elle a fait quelque chose de très mal. De très, très mal, répétait-il d'un ton railleur.

Puis, lentement, syllabe par syllabe, il m'expliqua ce qu'était cette mauvaise chose. Elle avait parlé : parlé d'être allée dans une voiture avec un homme, parlé de ce qu'ils y avaient fait. À cause de cela, la police était venue la trouver au beau milieu de la nuit. Je me mis à suffoquer. Mes mains, mes jambes, ma tête : tout se mit à trembler d'un seul coup. La nausée m'envahit. J'aurais voulu pleurer, crier, le supplier d'arrêter de me dire ces horreurs, mais tout ce que je pouvais faire, c'était tenter de respirer, tandis qu'il poursuivait son récit d'une voix calme.

Quand sa voix s'arrêta enfin, l'image d'une femme se balançant au bout d'une corde était imprimée dans ma tête, et j'entendais le bruit atroce de ses pleurs et de ses cris. Je la voyais pendre ainsi, telle une poupée cassée, le corps mou, les jambes inertes, le cou brisé, et la peur me faisait trembler de la tête aux pieds.

C'est à ce moment-là qu'il se transforma de nouveau en gentil ami, celui qui m'avait dit qu'il ne pouvait rien m'arriver tant qu'il était près de moi. Il m'enlaça et passa sa main dans mes cheveux en me rapprochant de lui sur la banquette.

— Ne t'inquiète pas, Marianne, dit-il doucement. Je ne laisserais jamais personne te faire ça, pas à ma petite Lady chérie.

La nuit qui suivit, je sortis ma robe de demoiselle d'honneur et la serrai fort contre moi, enfouissant mon visage dans ses replis mouillés par mes larmes dans l'espoir de retrouver une trace de son parfum.

J'essayai de remplacer ces terribles images par celles du jour heureux où je l'avais portée, et songeai à la maison de ma tante avec une immense nostalgie. Je voulais remonter le temps, me retrouver dans cette baignoire pleine de mousse et de savon, me sentir propre et pouvoir laver tous ces mots. Ces mots qui m'avaient donné un aperçu du monde des adultes, terrifiant pour une petite fille de huit ans.

Mais l'odeur s'était totalement évanouie, et son effet magique avec elle. Je ne tenais qu'une vieille robe, une robe ayant appartenu à une autre petite fille à qui on avait dit un jour qu'elle était magnifique.

Ce que j'ignorais alors, comme je me retournais dans mon lit en pensant à la jolie femme qui allait mourir le lendemain matin, c'est que le journal en question était un vieux : Ruth Ellis était morte depuis trois mois déjà lorsque l'homme d'à côté me l'avait montré.

18

Comme surgie de nulle part, une autre image me revint en mémoire : un pub enfumé aux poutres de chêne, des coussins de velours rouge, des volutes de fumée de cigarette, et un groupe tapageur de femmes en goguette. Jambes replètes sous leurs mini-jupes, talons aiguilles, cheveux crêpés, parfum Ma Griffe, bouches rieuses sous le rouge à lèvres, yeux pétillants, mains soignées valsant dans les airs, elles commandaient tournée sur tournée de cocktails aux noms étranges, ornés d'ombrelles de papier et de cerises glacées, et les avalaient presque aussi vite que le barman les apportait.

Mon esprit m'avait déportée de mon enfance jusqu'à mes dix-neuf ans. J'étais alors mariée depuis trois mois. Ces femmes, dont la plupart étaient plus vieilles que moi, m'avaient invitée à me joindre à un enterrement de vie de jeune fille. L'une d'entre elles devait se marier le lendemain, et nous allions fêter sa dernière soirée de célibataire. Aucune de ces filles ne savait que le récit de mon passé était fabriqué de toutes pièces – celui qui prétendait que j'avais quitté le domicile familial parce que mes parents vivaient à la campagne, et que je voulais être plus près de mon travail.

Que j'avais trois frères et une sœur à qui je rendais

souvent visite, et que nous avions grandi là-bas avec bonheur.

Plus tôt ce soir-là, j'avais pris le temps de me préparer : jupe courte grise et chemisier coloré, coiffage soigné de mes cheveux blonds et bouclés, rose pâle sur mes lèvres, mascara sur les cils, et le manteau blanc de mon mariage. Une fois prête, je me regardai devant le miroir et y vis une fille d'un peu plus d'un mètre cinquante, qui n'avait grandi que de deux centimètres depuis ses treize ans. Je glissai mes pieds dans les chaussures aux plus hauts talons que j'avais, et me dandinai hors de la chambre.

Mon mari, qui avait assisté aux préparatifs d'un œil amusé, me dit qu'il me trouvait superbe et me déposa au pub où nous avions toutes rendez-vous. Une heure plus tard, alors qu'après plusieurs verres les filles régalaient l'assemblée du récit de la perte de leur virginité, je ne savais plus où me mettre. Les yeux s'écarquillaient et le groupe feignait d'être choqué – « Non, tu n'as pas fait ça ! » –, encourageant celle qui parlait ensuite à toujours plus de grivoiserie. Chacune tentait de surpasser les autres dans la narration détaillée de leur débauche juvénile.

Les mains s'agitaient, les visages rougissaient et l'on parlait de plus en plus fort, de plus en plus aigu. Une autre tournée fut commandée, rendant nos jambes de plus en plus flageolantes. Des éclats de rire tapageurs retentissaient à l'évocation des mains maladroites d'un jeune homme inexpérimenté au visage cramoisi, ou de la sensation du cuir d'une banquette arrière de voiture contre un corps à demi nu. On poussait un soupir sentimental avec un sourire nostalgique en se souvenant du premier amour. Les hurlements d'hilarité reprenaient rapidement quand l'une admettait ne plus très bien se souvenir d'une soirée où elle eut un bref rapport dans l'appartement d'un inconnu, après avoir descendu quantité de verres d'alcool.

J'avais les mains moites et me cramponnais à mon verre de whisky-coca, espérant qu'elles n'allaient pas me mettre à contribution.

Mais le spectacle de ma retenue les encouragea au contraire à s'intéresser à moi.

— Allez, Marianne, lança l'une d'entre elles, dis-nous tout !

— Oui, renchérit une autre, tu nous as bien entendues nous confesser. Alors, comment s'est passée ta première fois, à toi ? Ne fais pas ta timide.

Je regardai ces visages pleins d'attente, et me demandai comment je pourrais leur dire que mes souvenirs à moi étaient bien différents. Qu'il n'y avait pas eu de garçon inexpérimenté bataillant avec une agrafe ou une fermeture Éclair après avoir contemplé mon visage rose de jeune fille, et me laissant toute retournée. Il n'y avait pas eu non plus de tendre premier baiser donné par l'homme que j'aime. Moi, j'avais huit ans, et j'étais pétrifiée.

Mes souvenirs étaient ceux de jambes nues écartées, de caresses brutales sur une poitrine plate, bien avant que le moindre renflement n'y apparaisse, des battements affolés de mon cœur, tels les battements d'ailes d'un papillon piégé, d'un poids écrasant sur moi, de râles gutturaux, d'une grosse langue mouillée se fourrant dans ma petite bouche, d'une odeur de poisson pourri, et de l'écoulement sur mes jambes d'une substance visqueuse mêlée de sang, tandis que je me retrouvais ravagée par la honte et la douleur.

En regardant ces femmes qui attendaient avidement ma réponse, je me souvins que lorsque cette « chose », qui avait eu l'air si rouge et furieuse, s'était retirée pour se réduire à un objet affreux et fripé, l'esprit fragile de mon enfance s'était soudainement envolé hors de mon corps, comme une apparition. Il s'était élevé dans les airs pour disparaître à tout jamais.

Voilà le jour où mon univers s'écroula – celui où j'avais rempli le livre d'histoires de mon esprit avec toute la magie de l'imagination enfantine. Ces pages illustrées que j'étais seule à voir, pleines de grenouilles qui dansent, de souris qui jouent, de lapins qui sautent et d'enfants d'une autre ère, s'anéantirent d'un coup. Elles tombèrent en poussière et suivirent mon âme d'enfant tout là-haut, au-delà des cieux.

— C'était avec mon mari, répondis-je posément. Il a été le premier homme à me faire l'amour.

Ce qui était vrai. Ce que je ne leur disais pas, en revanche, c'était mes souvenirs de la première fois où l'on m'avait forcée à avoir des relations sexuelles.

Quand je lisais les histoires horribles d'enfants ou de femmes violés, je me demandais souvent qui souffrait le plus. Celui qui se fait attaquer par un étranger, est entraîné dans un chemin de campagne ou dans une voiture avant qu'on abuse de lui ?

Puis retrouvé, ses vêtements tachés de sang, trop hébété et choqué pour pouvoir parler, et entouré d'adultes qui veulent connaître la vérité. La vérité des faits.

En entendant parler de ces enfants, mon visage se tordait de compassion. Je n'imaginais que trop bien l'expression de leur peur, de leur désarroi et de leur honte. Lorsque ces enfants sont trop jeunes pour pouvoir verbaliser ce qui leur est arrivé – ce qui, malheureusement, se produit souvent –, on leur donne des poupées avec lesquelles ils peuvent jouer, et qui constituent un véritable moyen de communication.

On les installe dans une salle équipée de caméras invisibles qui filment chacun de leurs gestes. Là, un psychologue et un travailleur social assistent au jeu et réconfortent l'enfant une fois que celui-ci a mis sa poupée dans des positions indécentes pour illustrer ce que le méchant homme a fait.

Les années passent, et ils deviennent des adolescents conscients des regards anxieux portés sur eux par un entourage à l'affût du moindre signe de séquelle irréversible, et ils lisent les articles de journaux où l'on dépeint le comportement criminel de certains hommes sur des enfants démunis. Que ressentent-ils alors ?

Est-ce pire que d'être trahi par un ami ou une connaissance en qui l'on a confiance, puis forcé de grandir en portant le fardeau d'un secret bien trop lourd pour des épaules d'enfant ? De vouloir désespérément parler pour y mettre un terme, mais de vivre chaque jour dans la peur de ce qui arriverait si on le faisait ? Je n'ai jamais su répondre à cette question, mais je sais une chose : l'enfance ne meurt qu'une fois.

Le jour où la mienne s'envola avait commencé par la promesse d'une belle journée, chaude et ensoleillée.

En ce matin d'automne, des rayons de lumière dorés avaient traversé mes paupières pour me réveiller, et je me mis à cligner des yeux avant de sourire de délectation. Par la fenêtre, je voyais que les nuages gris qui avaient plombé le ciel et m'avaient bloquée à la maison ces dernières semaines s'étaient évanouis. À leur place s'étendait maintenant un ciel d'un azur parfait. Je me sentis soudain parfaitement éveillée.

Repoussant les draps, je sautai de mon lit et marchai jusqu'à la fenêtre sur la pointe des pieds, afin de ne pas faire grincer les planches du parquet. Je ne voulais pas réveiller ma mère, qui dormait encore.

C'était un samedi matin. Mon père était déjà parti pour la ferme et ma mère s'était remise au lit, bien décidée à prendre un peu de repos avant qu'il ne revienne et que les enfants ne sollicitent toute son attention.

Dehors, le soleil se levait, dessinant de grandes zébrures roses dans le ciel. La rosée avait métamorphosé la pelouse, encore parsemée de l'éclat de quelques pissenlits, en un tapis vert scintillant, et les toiles d'araignée accrochées aux buissons en rivières de diamants étincelantes.

La balançoire de la maison d'à côté bougeait doucement dans la brise légère, comme poussée par des mains de fée. En collant mon visage à la vitre, j'aperçus un des vieux chats galeux de la ferme sortir des fourrés et s'étirer de tout son long.

Une fine brume recouvrait encore les champs dans le lointain. Ce serait une belle journée. Trop belle pour la manquer, me dis-je en enfilant rapidement mes vêtements.

Mon frère se mit à faire du bruit sur les barreaux de son lit. Il avait dû m'entendre et voulait attirer mon attention. Mais je l'ignorai, descendis l'escalier et ouvris la porte, régalant mes yeux du début de ce qui promettait d'être une magnifique journée d'automne.

Je m'élançai dans le jardin et goûtai la fraîcheur de l'herbe sous mes pieds nus. Puis, avec cette exaltation que seuls les enfants peuvent connaître, j'étendis mes bras et me mis à tourner sur moi-même avant de rentrer à la maison à contrecœur pour y entreprendre mes tâches ménagères.

Je fis la moue en contemplant l'état de la pièce. Des changes pour bébé trempaient dans un seau, une couche de poussière et de gras recouvrait tous les plans de travail, et la vaisselle sale de la veille était empilée dans l'évier. Cette dernière tâche était à ma hauteur.

Soupirant, je fis couler de l'eau chaude dans une bassine, ramassai les bouts de chiffons qui faisaient office de torchons et commençai à laver. Je laissai de côté les casseroles, qui étaient trop lourdes pour moi.

Rien ne devait venir ternir cette belle journée, pas même ma mère qui débarqua, cheveux en bataille, traces d'oreiller sur le visage, le bébé sous un bras et mon petit frère au bout de l'autre. Elle me passa mon frère pour que je le change et lui donne à manger. Je m'acquittai de ces deux missions aussi vite que possible et l'emmenai ensuite dehors. Elle s'installa avec une tasse de thé et une cigarette pour nourrir elle-même le bébé.

J'étais assise sur le perron à regarder Stevie s'amuser dans le jardin lorsque j'entendis le bruit de pas sur le gravier. Plissant les yeux dans le soleil, je vis l'homme d'à côté approcher. Les deux chiens qu'il venait d'acquérir batifolaient près de lui : un petit fox-terrier blanc à poil dur et un plus gros et turbulent, au pelage marron et noir, de lignée douteuse. Ses deux enfants, encore un peu instables sur leurs jambes, le suivaient.

« 'Ti chien », dit mon frère avec un grand sourire en tendant le bras vers le petit terrier. L'animal le gratifia d'un bon coup de langue, qui nettoya le visage poupin des reliefs de son petit déjeuner. Ignorant les chiens et les deux enfants, j'attendis silencieusement de voir ce que voulait l'homme d'à côté.

— J'ai pensé que nous pourrions tous partir en pique-nique tout à l'heure, dit-il. Ce serait dommage de ne pas profiter d'une si belle journée. Je ne sais pas s'il y en aura d'autres.

J'acquiesçai en souriant. Qui disait pique-nique disait bon repas en perspective, et pas de vaisselle à faire.

Il lança un bonjour enjoué à ma mère, qui entamait sa troisième tasse de thé, et lui expliqua que sa femme voulait bien s'occuper des petits pour qu'elle puisse se reposer.

— Marianne peut prendre Stevie, précisa-t-il, et tu peux aller chez nous. Dora n'a rien de prévu aujourd'hui, vous pouvez donc passer l'après-midi ensemble, tranquillement.

Ma mère se laissa convaincre sur-le-champ. Non seulement cela lui faisait deux bouches de moins à nourrir, mais elle allait pouvoir papoter en buvant du thé sans être constamment interrompue par mon frère. Même éveillée, ma petite sœur pouvait être contentée par un simple biberon, une tétine trempée dans la confiture et une couverture sur laquelle reposer.

Quelques heures plus tard, les chiens et les enfants sur ses talons, il revint donc avec un panier rempli de nourriture et de boissons. Nous prîmes notre vieille poussette pour que les trois enfants puissent se reposer lorsqu'ils seraient fatigués, et, moi aux manettes, nous nous mîmes en chemin.

Sur les sentiers qui menaient à l'étang, mes pieds faisaient craquer les feuilles mortes qui, quelques mois seulement auparavant, n'étaient encore que des petites pousses prêtes à recouvrir les branches des arbres d'un dense feuillage vert. Le son de leur craquement sous mes pas me rappelait que même si les insectes, stimulés par la chaleur de cette journée, bourdonnaient près de nos têtes en croyant que c'était l'été, l'hiver nous attendait en réalité au coin de la rue.

J'écartai cette sombre pensée, bien décidée à profiter de ce moment privilégié : je partais en pique-nique à mon endroit préféré, avec mon meilleur ami. Comme s'il avait lu dans mes pensées, l'homme d'à côté me sourit alors, de ce sourire qui plissait le coin de ses yeux et que je pensais n'être que pour moi. Dans un élan de bonheur, je lui souris à mon tour.

— Essayons de dénicher des terriers de lapins, dit-il aux plus petits lorsque nous arrivâmes à l'étang.

Ne comprenant pas ce qu'il voulait dire, ils lui jetèrent un regard indifférent. Il les emmena un peu plus loin que l'endroit choisi pour le pique-nique et leur trouva un terrier à explorer.

Il leur expliqua que les lapins, ces petites boules de poils avec leur queue blanche, vivaient avec leur famille dans ces trous – ou dans des cages –, et que s'ils avaient de la chance, ils pourraient en voir, à condition d'être très calmes et de ne pas bouger.

Pendant ce temps, continua-t-il, lui et moi allions préparer le pique-nique. J'aurais dû me douter que ce n'était qu'une manœuvre pour nous séparer de toutes ces paires d'yeux. Les deux chiens auraient rabattu n'importe quel lapin jusqu'à son terrier avant même qu'il ait eu le temps de remuer une oreille. Mais le soleil m'avait disposée à accepter son discours. Constatant le manque d'enthousiasme des petits à l'idée d'être laissés à fixer un trou dans le sol, il montra du doigt le panier de nourriture.

— Savez-vous ce qu'il y a dans ce sac ? interrogea-t-il.

Les trois têtes acquiescèrent en souriant pour répondre comme un seul homme :

— De la glace !

— Oui, mais seulement si vous restez là pour voir si un lapin en sort, dit-il avec sévérité avant de leur donner un bonbon à chacun et de me prendre par le bras.

— Viens, Marianne, allons préparer le pique-nique.

À la manière brusque dont il prit mon bras, la chaleur de cette journée sembla s'évaporer d'un coup.

Ce jour-là, il me coucha sur l'herbe sans le moindre baiser de fée ou cours préliminaire sur la façon dont les adultes s'embrassent. Cette fois, il me parla du verbe « baiser » et me demanda si je savais ce qu'il signifiait.

— Tu ne connais pas ce mot ? demanda-t-il. Eh bien, il est grand temps que tu le saches.

Il posa son bras en travers de mon torse, m'empêchant de bouger. Le sens du mot « baiser » que j'appris ce jour-là était que ma culotte était baissée et ma robe relevée. Il était sur moi, sa bouche sur la mienne, étouffant mes protestations et mes larmes mais n'arrêtant pas la douleur. Des cailloux me transperçaient le dos, et j'avais une herbe drue sous les fesses. Les muscles de mes jambes me tiraient. Et cette chose qui entrait en moi, qui entrait et sortait de moi. Je crus à ce moment-là qu'il allait me briser en deux, et me demandai s'il n'y aurait pas deux morceaux de Marianne par terre une fois qu'il aurait terminé. Puis, je regardai le ciel bleu et l'entendis me dire de m'essuyer.

J'utilisai une touffe d'herbe, qui se colla à moi, et remis ma culotte.

— Ça t'a plu ? me demanda-t-il. Ça veut dire que tu n'es plus une petite fille.

Mais je ne pouvais pas lui parler. Voyant les larmes de l'enfance perdue couler sur mes joues, il me prit dans ses bras.

— C'est ce que font les hommes aux filles qui comptent beaucoup pour eux, tu sais, murmura-t-il.

Il appela les enfants restés auprès de leur trou de lapin, sortit la glace promise d'un Tupperware blanc et en servit à chacun dans de petites assiettes en plastique. Elle avait fondu, mais cela leur importait peu. Ses bras vinrent de nouveau se poser sur mes épaules – et je les trouvai lourds –, mais je n'eus pas le courage de les repousser.

Il me caressa le dos, m'appela sa petite Lady, et enfourna une cuillerée de glace fondue dans ma bouche. « Mange », ordonna-t-il.

J'ouvris la bouche et avalai, mais oubliai aussitôt ce que j'avais ingurgité. Plus tard, sur le chemin du retour, alors qu'il conduisait la poussette où dormaient, entassés, les petits, je marchais derrière eux et sentais à chaque pas la douleur entre mes jambes.

— Alors, c'était bien, ce pique-nique ? demanda ma mère, ignorant mon absence d'enthousiasme à lui raconter la sortie du jour.

— Oui, répondis-je avant de prendre la direction des toilettes.

J'ôtai ma culotte et la trempai dans l'eau de la cuvette pour venir nettoyer l'endroit où il m'avait fait mal. Puis je lavai l'entrejambe de mon sous-vêtement, y enlevant les traces de sang et de cette matière blanche avant de le remettre.

Cette nuit-là, alors que j'étais dans mon lit, les yeux fermés, je vis l'image d'une femme se balançant au bout d'une corde passée à son cou. Ce n'était pas une jolie blonde. Ses cheveux étaient d'un châtain plutôt terne, et elle avait le même visage que celui que je voyais tous les jours dans la glace.

Pourquoi ma mère ne devinait-elle pas ? me demandais-je. À cette idée, une colère teintée de peur parcourut tout mon corps. Je m'assis, croisai les bras et me mis à me balancer d'avant en arrière, frappant le mur de ma tête.

Ce faisant, mes doigts se mirent à pincer involontairement la peau tendre de l'intérieur de mes bras. La douleur de mes propres pincements atténuait peu à peu ma colère – une colère qui rendait lugubre le paysage de mon univers, et odieux les gens qui l'habitaient.

Alors je me pinçai et me pinçai encore, indifférente aux petits bleus qui seraient visibles sur mes bras le lendemain matin.

19

Je me suis souvent demandé comment les choses se seraient passées si Dave n'était pas entré dans nos vies. Ce fut pourtant le cas, et dès l'instant où ma mère le rencontra, l'atmosphère changea à la maison. Elle se montra distraite, me témoignant encore moins d'intérêt qu'à l'accoutumée. Ses humeurs, ainsi que le tempérament explosif de mon père, commencèrent à s'embraser, pour ce qui me semblait bien peu de chose.

Avant l'apparition de Dave, la vie avait été plutôt paisible pendant quelques mois. Nous étions un peu moins dans le besoin, et le fait d'avoir une amie proche avait les meilleurs effets sur ma mère, qui, si elle ne faisait guère de ménage, préparait plus souvent de bons repas chauds. Mes parents, peu soucieux de remplacer les meubles ou la literie, avaient acheté la plus grande télévision noir et blanc existant sur le marché. Installée près du feu, et généralement réglée sur une émission de sports, elle semblait avoir presque fait oublier le pub à mon père.

Peut-être inconsciemment, l'homme d'à côté avait parfaitement planifié sa dernière étape. Quoi qu'il en soit, les conséquences furent les mêmes que s'il l'avait soigneusement orchestrée.

Cet interlude de paix touchait à sa fin. C'est à la rage contenue de mon père que je m'en rendis d'abord compte.

Depuis l'âge de trois ans, j'étais habituée à ses colères noires. Elles arrivaient à la plus infime provocation, comme alimentées par quelque chose de sombre qu'il ne pouvait contrôler. Mais, les semaines passant plus paisiblement, je m'étais aussi habituée à leur absence.

Et soudain, sans que je comprenne pourquoi, elles refirent leur apparition, à un degré encore supérieur – et avec elles, ma peur de mon père.

Il y avait une colère refoulée dans la façon dont il se voûtait, dont il marchait, et même dont il mangeait. Il arborait un air agressif et parlait d'un ton acerbe. J'essayais de plus en plus de l'éviter, ce qui devint plus facile lorsqu'il reprit l'habitude d'aller au pub. Couchée dans mon lit, j'entendais la nuit son pas chancelant sur le gravier, la porte claquer, puis ses cris de rage, le bruit d'un coup, le craquement de l'escalier, et finalement le vrombissement de ses ronflements.

À cette période, je voulais que ma mère prenne conscience de ma propre détresse et me demande ce qui n'allait pas, mais, ayant d'autres préoccupations en tête, elle ne perçut pas mon besoin et me laissa porter seule mon lourd fardeau.

Je tentais d'éviter autant que possible d'être laissée seule avec l'homme d'à côté. La plupart du temps, je prétextais devoir rentrer rapidement à la maison pour aider ma mère avec les enfants, mais dès que je me dépêtrais d'une situation, une autre se présentait.

J'implorais ma mère de ne pas aller faire ses courses

avec Dora le samedi après-midi, car l'homme d'à côté ne travaillait pas à ce moment-là. Peine perdue.

« Ne sois donc pas si égoïste », me grondait ma mère quand je protestais de devoir garder tous les enfants, car Dora me laissait alors aussi les siens. « Tu sais bien que c'est le seul moment où l'on peut y aller, et tu n'auras les enfants de Dora que jusqu'à ce que son mari vienne les chercher. »

Je le savais bien, et c'était justement ce que je redoutais. Ces samedis-là, quel que soit le temps, j'essayais de garder les enfants à la maison. Je voulais être protégée par leur présence, mais, bien sûr, cela ne fonctionnait pas. À peine les deux femmes avaient-elles pris le bus que la porte arrière s'ouvrait, et il venait me rejoindre.

— J'ai pu partir tôt du boulot, disait-il avec un sourire triomphant.

Voyant la porte ouverte, les petits se ruaient dehors. Une fois encore, j'allais entendre le mot « baiser ».

— Restez bien dans le jardin, leur recommandait-il avant de verrouiller la porte d'entrée.

Par terre, derrière le vieux canapé, était son emplacement préféré. « Hors de vue des fenêtres », expliquait-il en me faisant coucher sur le sol dur et froid. Mais je pense que c'était aussi mon inconfort qui ajoutait à son plaisir.

Ma mère m'avait toujours dit que je ne pouvais rien lui cacher, qu'un seul regard sur moi lui disait tout ce qu'elle souhaitait apprendre. Je crus que son manque croissant de temps pour moi était de ma faute. Et j'en conclus qu'elle savait déjà que je faisais quelque chose de très mal.

Malgré tout, je voulais que ma mère sache que

quelque chose n'allait pas dans ma vie. Ne voyait-elle pas que j'étais déprimée, que je ne riais plus et ne souriais presque jamais ? Je voulais qu'elle me demande ce que je faisais quand j'allais dans les prés ou jusqu'à l'étang. Ne le voyait-elle pas me suivre ? Ne remarquait-elle pas toutes les fois où il m'appelait dans son atelier ?

— Maman..., commençais-je parfois timidement.

— Pas maintenant, Marianne, me répondait-elle, tuant ainsi dans l'œuf cette petite graine de courage qui aurait pu m'aider à parler.

Chaque fois que l'homme d'à côté me trouvait dans les champs ou m'attendait à la sortie de l'école pour me faire faire des choses que je ne voulais pas, ma culpabilité augmentait, et la garantie de mon silence était assurée. Si je n'avais pas senti que j'étais en faute autant que lui, m'avait-il dit alors que les larmes m'étouffaient et que j'essayais de le repousser, pourquoi n'étais-je pas partie en courant tout dire à ma mère dès la première fois ? « Tu sais, Marianne, avait-il ajouté, les gens t'en voudront. Souviens-toi de ce qui est arrivé à la belle Ruth Ellis. »

Quand il me disait cela, mon souffle déjà altéré par la peur se transformait en une boule dans la gorge, de la taille d'un petit poing, qui m'empêchait littéralement de parler et agitait mon corps entier de tremblements. Il me prenait alors dans ses bras et me touchait doucement les cheveux pour m'apaiser, me murmurant des mots doux jusqu'à ce que je me calme.

Mais la nuit, quand toutes les lumières étaient éteintes et que je restais éveillée dans le noir, les souvenirs de ce qu'il m'avait fait se frayaient de nouveau un chemin à travers mon esprit, me laissant seule et terrorisée. Lorsque, plus tard, la fatigue me fermait les yeux, mon sommeil était hanté de terribles cauchemars : des poupées cassées, le cou penché d'un côté, se balançaient d'avant en arrière au bout d'une corde, d'énormes bouches menaçaient de m'étouffer, et des hommes en robes rouges me disaient que j'étais mauvaise et que je devais mourir.

La honte me faisait garder le silence. Pourtant, je me dis que si ma mère me demandait ce qui n'allait pas, ce serait parce qu'elle voulait le savoir, et je songeai à un moyen silencieux de le lui dire.

Je découpai des images de femmes dans des magazines, entourai leur poitrine et leur bas-ventre avec des feutres de couleur, et les disposai dans des endroits où elle ne pourrait manquer de les voir.

Dans les toilettes, je les mélangeai aux pages de journaux en noir et blanc, m'assurant que leurs couleurs vives les rendraient vite repérables. Je ne pensai pas à ce qui pourrait advenir si mon père ou Dora, lors d'une de ses visites, tombaient sur ces images.

Mais personne ne posa aucune question.

C'est alors que mes frontières s'estompèrent. Ma mère n'avait pas de temps pour moi, les enfants de l'école ne m'aimaient pas et j'avais peur de mon père. L'homme d'à côté, était le seul ami que je pensais avoir.

À cette époque, je n'avais pas conscience de la vraie raison pour laquelle ma mère n'avait pas de temps à me consacrer – et que cela n'était pas dû à quelque chose que j'avais fait, mais à l'arrivée d'une autre personne dans son existence. J'étais trop repliée sur ma propre détresse pour remarquer ce qui se produisait autour de moi.

La première fois que je vis Dave, je n'avais aucune

idée des ravages que sa présence allait provoquer dans notre foyer. Il était l'un des dirigeants de la ferme où travaillait mon père. Approchant de la quarantaine, c'était un homme grand, aux cheveux roux, avec de larges épaules et de bonnes manières. Il avait des yeux verts pétillants, le sourire facile, et dégageait une autorité rassurante qui plaisait aux femmes. Ce qui ne manqua pas d'arriver à ma mère, mariée à un homme qui ne la regardait même plus.

Le jour où il entra chez nous, je ne lui prêtai que peu d'attention. Il n'était qu'un adulte comme tant d'autres, qui me demandait comment j'allais sans s'intéresser à ma réponse. Je remarquai seulement qu'il s'exprimait d'une manière différente de tous les gens que je connaissais. Sans élever la voix, il semblait parler plus fort et de façon plus assurée que mon père. Sa présence remplissait la pièce comme il remerciait ma mère pour son hospitalité, la félicitait pour le gâteau qu'elle avait fait, et serrait la main de mon père avant de partir.

— Ça, c'est un bon type, disait mon père une fois que Dave était parti. Pas de manières comme tous les coincés qui sortent de ces foutues écoles, et qui croient tout savoir mieux que les autres sur l'agriculture.

— Oui, il a l'air très gentil, se contentait de répondre ma mère.

Les semaines passèrent, et je voyais Dave de plus en plus souvent. Tranquillement assise dans un coin, la tête baissée tandis que je tricotais des habits pour mes poupées, j'écoutais les conversations des adultes et en appris de plus en plus à son sujet. Il venait d'emménager dans la région, était marié et avait deux petites filles qui allaient à mon école. Je savais qui étaient ses enfants, non pour leur avoir parlé, mais parce qu'il m'était arrivé de le voir les attendre devant les grilles de l'école, en compagnie d'une jolie femme brune.

Il commença à aller boire au pub que mon père fréquentait, et accrochait parfois son vélo à l'arrière de sa voiture pour le raccompagner à la maison.

Puis, je remarquai qu'il commençait à passer quand il savait mon père absent. Mais, absorbée par mes propres problèmes, je ne vis d'abord rien d'étrange à cela.

Je ne m'étais même pas étonnée du soin inhabituel que ma mère prenait de son apparence. Elle se maquillait soigneusement, se lavait les cheveux et se coiffait, et commença même à ranger et à nettoyer le salon. Quelques casseroles et autres récipients de moins à traîner ne métamorphosaient certes pas le capharnaüm dans lequel nous vivions. Mais au moins les plans de travail devinrent-ils propres, et l'on ne vit plus de changes pour bébés souillés s'empiler dans une bassine près de l'évier.

Ses visites se rapprochant, je décidai que je n'aimais pas Dave. Je n'appréciais pas la façon dont ma mère changeait en sa présence, retouchant sans cesse ses cheveux en rigolant. Je n'aimais pas non plus la façon dont il la regardait. C'était comme si chaque mot qu'elle prononçait était d'une importance capitale pour lui, et, sans savoir pourquoi, je le tins pour responsable des accès de colère de mon père.

Pourquoi venait-il quand mon père était sorti, et passait-il tout ce temps avec ma mère ? me demandai-je lorsqu'il commença à venir le samedi soir, moment où mon père se rendait aux courses de chiens. Avant les visites de Dave, j'appréciais ce moment où, pour une fois, les petits étaient couchés, et ma mère et moi nous posions côte à côte sur le canapé pour regarder un vieux film à la télé.

La présence de Dave dans nos vies modifia ce rituel. Dès que mon père partait, elle grimpait l'escalier quatre à quatre et en redescendait une demi-heure plus tard avec une autre robe, les cheveux détachés – alors qu'elle les portait habituellement noués – et le visage maquillé. Je la voyais guetter par la fenêtre. Quand un sourire venait faire d'elle une femme à l'air plus jeune et moins soucieux, je savais qu'il était arrivé.

« Il est l'heure d'aller au lit, Marianne », disait-elle soudain, sans m'expliquer pourquoi je devais aller me coucher une heure plus tôt qu'à l'accoutumée. Rageuse, je lançais un regard furieux à Dave qui entrait, tout sourire, et je montais me coucher en arborant un air rebelle.

Je me rendis compte progressivement que je n'étais pas la seule à ne pas apprécier la présence de Dave. La première impression très favorable de mon père envers lui se transforma vite en un violent ressentiment.

— Dave est encore passé ? commença-t-il à me demander fréquemment.

Ne voulant pas être prise en flagrant délit de mensonge, mais comprenant qu'un oui de ma part causerait des problèmes à ma mère, je me contentais de marmonner que je ne l'avais pas vu avant d'aller me coucher, et que je ne savais pas. Cette réponse me valait la plupart du temps un regard incrédule. Une fois, je le vis même inspecter le gravier devant la maison, cherchant d'éventuelles traces d'huile laissées là par la voiture de Dave.

— Si j'attrape ce fumier en train de rôder une fois

de plus dans les parages, je le tue, entendis-je mon père proférer à plus d'une occasion.

J'espérais que mon père attrape Dave, non dans l'idée qu'il mette ses menaces à exécution, mais simplement que cela suffise à le faire disparaître de nos vies.

Mais à mon grand désarroi, lorsque Dave fit son apparition alors que mon père était présent, au lieu de la querelle attendue, je vis mon père lui offrir une tasse de thé, sourire aux lèvres. Je ne connaissais pas encore les mots « tyran » et « lâche ».

20

Ma mère tomba de nouveau enceinte.

Elle n'aurait pu le cacher : mon père savait faire la différence entre une simple prise de poids et un ventre arrondi par la grossesse.

C'est un soir qu'il le remarqua. Il était assis en train de dîner quand ma mère se pencha, une casserole à la main, pour ajouter des pommes de terre dans son assiette. Sa robe se trouva coincée entre son corps et le bord de la table, épousant la forme de son ventre. Les yeux de mon père se fixèrent droit sur cette courbe.

Le feu lui monta aux joues, et, les yeux brillant de colère, il la dévisagea, l'air de ne pas y croire.

— Espèce de traînée ! C'est lui qui t'a fait ça, hein ? rugit-il, frappant du poing sur la table.

Je frémis en entendant le fiel contenu dans sa voix.

Ma mère blêmit et ses lèvres commencèrent à trembler comme elle tentait d'articuler :

— Non...

— Pas la peine de me mentir, salope ! Regarde-moi.

Les larmes jaillirent des yeux de ma mère.

— Non ! cria-t-elle en se ruant vers la porte. Il est de toi !

Mais il était plus rapide qu'elle. Il renversa sa chaise

et fit le tour de la table, envoyant valser la nourriture par terre, puis saisit ma mère par les cheveux. Son poing s'éleva pour retomber de façon fulgurante.

Le bruit qu'il fit en entrant en contact avec sa joue me glaça. Ma mère porta les mains à son visage pour tenter de se protéger.

Mais la prise qu'il avait sur ses cheveux la maintenait à sa merci, et une pluie de coups s'abattit sur sa tête et sur ses bras.

Mes deux petits frères et ma sœur hurlaient de terreur.

Il la jeta par terre et se pencha au-dessus d'elle, frappant et frappant encore. Incapable de se défendre, elle se replia en boule, les bras sur son ventre, le suppliant d'arrêter.

Quelque chose éclata alors en moi. Je devais sortir de cette maison, partir loin de la violence qui avait lieu sous mes yeux, loin de ces choses que des enfants n'avaient ni à voir ni à entendre. Avec l'énergie du désespoir, je sortis mon frère de table malgré son poids conséquent, le posai dans la poussette, puis soulevai ma sœur de sa chaise pour l'installer à ses côtés.

J'ouvris brutalement la porte et sortis avec la poussette, non pour aller là où j'aurais pu trouver de l'aide, à la porte d'à côté, mais sur la route. Ignorant les cris des deux petits, je décidai de maintenir le cap et continuai à mettre fermement un pied devant l'autre.

Je ne pouvais interrompre la bataille entre mes parents, aussi avais-je pris l'option de mettre autant de distance que possible entre eux et moi, pour aller quelque part où ces cris et ces pleurs ne pourraient plus m'atteindre. Je songeai alors que si quelqu'un passait et m'emmenait dans une maison toute propre, avec une maman pour m'écouter, un papa souriant, et où il n'y aurait ni Dave ni homme d'à côté, ma vie serait bien différente. De petites gouttes de pluie commencèrent à tomber, se mélangeant à mes larmes, et je marchais toujours.

C'est alors que j'entendis mon père m'appeler. Je me retournai et le vis pédaler comme un fou à quelques centaines de mètres de moi. Il venait nous chercher.

— Rentre à la maison, Marianne, dit-il d'une voix calme, comme si l'affrontement l'avait vidé de toute son énergie. Et n'oublie pas ces deux-là, ajouta-t-il inutilement.

Tandis qu'il parlait, je vis que, tout comme le mien, son visage était inondé de larmes. L'espace d'un instant, j'eus envie de le prendre dans mes bras pour le réconforter. Puis je regardai ses larges mains de travailleur agrippées aux poignées de son vélo, ces mains que j'avais trop souvent vu s'abattre sur ma mère, et la pitié disparut pour céder le champ à un sentiment proche de la haine.

Je le dévisageai. Sans mot dire, je fis faire demi-tour à la poussette pour reprendre le chemin de la maison.

Les deux petits, le visage marqué par les larmes, l'effroi et l'incompréhension, me regardaient d'un air suppliant, et je ressentis une nouvelle vague de colère. Comment mes parents pouvaient-ils leur faire cela ? À quoi bon faire des enfants si nous importions si peu pour eux ? Ils ne pensent vraiment qu'à eux, me dis-je avec consternation. Cette rage ne me quitta pas jusqu'à ce que j'arrive à la maison pour découvrir la silhouette de ma mère gisant à terre.

Je traversai le jardin en courant et me ruai jusqu'à la maison d'à côté en appelant Dora. Entendant mes cris, elle ouvrit brusquement la porte. J'attrapai son bras et l'implorai de me suivre entre deux sanglots. Par-dessus son épaule, je voyais le regard perçant de mon père sur moi, mais, pour une fois, je l'ignorai.

— Qu'est-ce que ton père lui a encore fait, cette fois-ci ? s'exclama-t-elle en découvrant ma mère rouée de coups.

Je me sentais impuissante à faire ou à dire quelque chose de plus et me contentai de rester près d'elle. Dora aida ma mère à s'asseoir sur le canapé, la força à prendre un thé bien chaud, et sortit la grande bassine de métal qui faisait office de baignoire. Elle remplit des casseroles d'eau et, en attendant qu'elle chauffe, mit les deux petits au lit après leur avoir donné à manger.

Une fois la baignoire remplie d'eau chaude et ma mère déshabillée pour s'y glisser, Dora nous quitta. Elle m'indiqua ce que je devais faire, me propulsant après son départ dans le rôle d'un adulte qui pouvait aider à résoudre les problèmes familiaux.

J'avais envie de m'enfuir de la pièce et de ne pas avoir à regarder le corps nu de ma mère dans son bain, mais mon amour pour elle dépassa mon aversion, et, tout doucement, je pris un tissu pour venir passer de l'eau chaude et savonneuse sur ses ecchymoses, tandis qu'elle se tenait le ventre en pleurant.

Mon père ne revint que trois jours plus tard, empestant l'étable, la sueur et la bière, mais dénué de cette colère qui semblait si souvent le consumer. Il avait plutôt l'air abattu. Ma mère se remit à pleurer à chaudes larmes en le voyant. Sans rien dire, il avança vers elle et posa une main sur son épaule. Elle en fit de même.

Dave ne revint jamais à la maison. Sa voiture me

dépassait parfois sur la route, et je le vis un jour conduisant un tracteur. Il me fit signe, mais je l'ignorai. Ma mère arrêta de guetter ce qui se passait derrière la fenêtre. Et je ne revis plus jamais le sourire de la jeune femme insouciante qu'elle avait alors été.

21

Une force extraterrestre semblait avoir pris possession du corps de ma mère. Une force qui ne se contentait pas de faire gonfler son ventre, mais qui, comme pour la punir, déployait ses tentacules dans la moindre partie de son anatomie. Elle ôtait toute couleur de son visage, changeait ses cheveux bouclés en mèches raides et ternes, lui donnait mal au dos et faisait enfler ses chevilles.

Pire que tout, elle ne la rendait pas malade qu'au lever, mais la faisait vomir du matin au soir. Et cela ne dura pas treize semaines, mais jusqu'à la naissance.

La date de l'accouchement approchant, ma mère ne fut pas la seule à perdre ses forces. Mon père paraissait plus petit, plus fatigué. Son dos n'était plus droit de colère, mais voûté sous le poids de la défaite.

Je ne l'entendis qu'une fois formuler son incertitude quant à la paternité du bébé à venir. Ma mère était assise sur le canapé, un coussin derrière le dos, les traits tirés par la fatigue.

— Tu auras beau dire le contraire, je ne crois toujours pas que cet enfant soit de moi. Tu n'as jamais été dans cet état-là, avant.

Il soupira.

— Tu sais, je me souviens de ce bal où nous nous sommes rencontrés. C'était toi la plus jolie fille. Maintenant, tout ce que je vois, c'est cet énorme ventre...

Ces mots étaient d'autant plus durs à entendre qu'ils étaient pleins de tristesse.

— Peut-être que tu aurais dû me le dire. Juste une fois, me dire que tu me trouvais jolie, répondit-elle.

— J'aurais peut-être dû, oui... Mais je t'ai quand même épousée, non ?

Il se leva et prit la porte pour aller au pub.

Cet été-là, alors que nous attendions que « l'*alien* » quitte le corps de ma mère, fut l'un des plus chauds jamais répertoriés. La chaleur rendait son visage brillant de sueur et la faisait haleter. Tout cela énervait aussi mon frère et ma sœur, et j'étais retenue à la maison, car il m'incombait désormais de m'occuper d'eux. Quand ma mère entama son sixième mois, elle se déclara trop fatiguée pour sa sortie du samedi avec Dora. Pendant plusieurs semaines, j'échappai donc à l'homme d'à côté.

Le bébé arriva en septembre. Cette fois, ma mère accoucha à l'hôpital. Mon père l'y avait emmenée dès les premières douleurs. Il la déposa et refusa ensuite de venir lui rendre visite.

C'est donc Dora qui m'y accompagna. En regardant dans le berceau qui jouxtait le lit de ma mère, tout ressentiment envers ce bébé non désiré s'évanouit d'un coup en moi. Je ne voyais pas un *alien*, mais un autre petit frère, si petit, si vulnérable – et j'avais envie de le lui dire. « Attends qu'il soit plus grand », me répondit simplement ma mère quand je lui en demandai la permission. Je l'avais entendu dire à Dora plus d'une fois

« Pourvu que le bébé ait des cheveux bruns ! » Hélas ! le duvet qui recouvrait son crâne était d'un roux vif.

— Alors, tu as vu le petit bâtard ? me demanda mon père à mon retour.

Je ne savais quoi lui répondre. Je sentais bien que « bâtard » n'était pas une façon d'appeler un bébé, mais j'ignorais ce que cela voulait dire.

Il remarqua ma confusion et me posa une autre question :

— De quelle couleur sont ses cheveux ?

— Roux, répondis-je.

Mon père ne me posa plus une seule question.

Ma mère rentra à la maison avec le bébé quelques jours plus tard.

— Appelle le bâtard comme tu veux, lui dit-il. Mais ne lui donne aucun des prénoms portés par ma famille.

Ma mère l'appela Jack.

C'était un bébé facile. On eût dit qu'il sentait qu'il avait tout intérêt à être aussi calme que possible quand mon père était là, et il pleurait rarement. Les rares fois où cela se produisait, j'entendais mon père maugréer « La ferme, le bâtard ! », et ma mère le prenait pour l'emmener ailleurs. On installa son petit lit dans ma chambre. Je m'endormais au son de ses légers ronflements de bébé, et étais souvent réveillée par l'irruption de ma mère avant l'aube pour lui donner son premier repas.

— Je ne veux pas déranger ton père, me disait-elle.

Mais je savais que c'était surtout parce que mon père ne supportait pas de le voir. J'avais remarqué la façon dont il détournait les yeux quand ma mère lui donnait à manger. J'avais aussi noté qu'à l'inverse de mes frères et de ma sœur, il était nourri au biberon.

Si j'étais consciente du fait que mon père n'appréciait pas ce nouveau membre de notre famille, je n'en pris pleinement la mesure que le jour où ma mère le laissa dans son lit sous ma seule surveillance, et que mon père rentra plus tôt que prévu.

J'entendis son pas dans l'escalier, puis un bruit que je ne reconnaissais pas, comme si des objets s'entrechoquaient. Immédiatement après, le bébé se mit à pleurer. Montant les marches quatre à quatre, je trouvai mon père en train de secouer frénétiquement le petit lit. Le nourrisson était rouge et hurlait d'effroi, tandis que mon père criait « Tais-toi, tais-toi ou je vais te faire une tête aussi bleue que tes foutus yeux ! »

— Papa, l'implorai-je, laisse-le tranquille !

Il se retourna, l'air soudain honteux.

— Tu es trop jeune pour comprendre, Marianne.

Il avait raison. J'étais trop jeune.

Je sortis le bébé de son lit, le pris contre moi et regardai mon père dans les yeux.

— Ce n'est qu'un bébé, lui dis-je.

Il détourna le regard et quitta ma chambre. Passé ce jour, même s'il n'était pas heureux de la présence de Jack, il parut au moins l'accepter.

Ce n'est qu'après l'une des rares visites de sa mère que son attitude envers Jack se modifia complètement : de tout juste toléré, l'enfant se retrouva alors cajolé sur les genoux de mon père.

— C'est toi tout craché à son âge, avait-elle dit, avec un sourire presque nostalgique.

— Quoi ? Ne dis pas n'importe quoi ! Je n'ai jamais eu les cheveux roux.

— Toi, non, mais ton grand-père les avait roux avant d'être chauve, révéla-t-elle.

Peu après, je l'entendis prononcer un mot que j'avais rarement entendu dans sa bouche : « Pardon. »

Ma mère reconnut avoir été flattée par l'attention de Dave, mais déclara que l'histoire n'avait jamais dépassé le stade du simple flirt, et mon père sembla se contenter de cette explication. Quelques mois plus tard, elle était de nouveau enceinte.

22

Quand je repense aux six années qui se sont écoulées entre mes sept et mes treize ans, je les vois surtout comme un méli-mélo de blessures et de confusion.

L'homme d'à côté était devenu mon ami et mon bourreau. Plus je grandissais, moins il prenait la peine de me faire croire que je lui étais chère, et il me témoignait de moins en moins de cette tendresse qui avait rendu mon cœur captif. Il cessa de m'appeler sa petite Lady, je devins juste Marianne. Les caresses et les mots tendres refaisaient une brève apparition aux moments où il sentait devoir reprendre un contrôle qui lui échappait. Mais c'était toujours après m'avoir fait quelque chose contre mon gré. Il n'y avait plus jamais de baisers de fées. Il n'y avait plus que moi, une enfant maigre, la robe relevée et la culotte baissée, s'allongeant où l'homme d'à côté lui enjoignait de le faire : le sol de la cuisine, la banquette arrière de sa voiture, dans les champs, parfois.

J'eus mes premières règles, et mes seins commencèrent à pousser. Il aimait les presser à m'en faire mal. « C'est des beaux petits bourgeons, que tu as là ! », disait-il dans un râle amusé, tandis que, gênée par les changements de mon corps, je repoussais furieusement ses mains de moi.

À cette période, quand je regardais le visage qui me souriait auparavant avec tant de chaleur, et dont les lèvres se tordaient dorénavant dans un rictus, je songeais avec regret au temps où il me rassurait et m'entourait de toute son attention. Je me disais que c'était de ma faute, que j'avais dû faire quelque chose pour provoquer cette attitude, et me demandais constamment ce que cela pouvait être. Quand il sentait que je lui échappais, sa voix revenait murmurer à mon oreille, et ses mains venaient m'apaiser par des caresses. Durant toutes ces années, mes peurs ne firent que grandir : celle de sa colère, et celle de me retrouver seule.

Je réalisai soudain que ses enfants, qui avaient été intégrés à un groupe qu'il appelait « les bouts de choux » pendant leur prime enfance, étaient devenus de petites personnes qui lui demandaient du temps et de l'affection. Ce furent les changements chez sa fille qui retinrent d'abord mon attention. Le bébé dodu que j'avais vu la première fois dans le parc était devenu une belle petite fille de quatre ans aux épais cheveux noirs ondulés et aux grands yeux d'un brun velouté.

« En l'air, papa ! » l'entendais-je dire comme elle tendait ses petits bras vers lui. Arborant ce sourire rayonnant dont j'avais cru qu'il m'était réservé, il se penchait pour venir la soulever, la mettre sur ses épaules et parcourir le jardin sous les cris et les rires de la petite.

Je les regardais depuis ma fenêtre et sentais un pincement de douleur dans mon cœur au spectacle de sa vie de famille.

Il installait ses deux enfants sur la balançoire et les poussait d'avant en arrière, les emmenait faire des balades en voiture, tandis que je restais chez moi à m'occuper de mes trois frères et de ma sœur. Je le voyais revenir avec des cadeaux et regarder ses enfants en déchirer le papier. Sa fille avait eu la très convoitée poupée Barbie, et son fils les dernières petites voitures de chez Dinky. Ils avaient les joues pleines de bonbons, et le jus des sucettes glacées qu'il leur offrait tachait leurs habits.

Je voyais parfois Dora à ses côtés. Il passait son bras autour de sa taille, puis, comme mû par un sixième sens, il jetait un coup d'œil dans ma direction et souriait avec ironie en regardant au loin et en caressant les fesses de sa femme. Plus tard, ils me demandèrent de faire du baby-sitting. Pour « sortir Dora », pour son anniversaire, pour leur anniversaire de mariage ou juste pour lui faire plaisir, disait-il en me regardant et en enlaçant son épouse.

— Fais-tu quelque chose ce soir, Marianne ? me demandait-il, sachant très bien que je risquais peu d'être occupée.

Je répondais que non, et il continuait :

— Alors tu pourras garder un œil sur les enfants pour nous ?

— Oh ! merci, Marianne ! Je ne sais pas ce que nous ferions sans toi ! ajoutait Dora avant que j'aie eu le temps de répondre. Prends tout ce que tu veux dans le frigo, et regarde ce qu'il te plaira à la télé.

Ils m'indiquaient ensuite une heure à laquelle venir, qui était souvent bien plus précoce que celle de leur départ. Je regardais alors Dora se maquiller, se parfumer, ajuster sa jupe moulante. Son postiche, qui m'évoquait toujours un petit rongeur à poils longs, était sorti de sa boîte pour être soigneusement épinglé au sommet de sa tête. Elle suivait la mode de près, et ne manquait pas de me demander :

— Alors Marianne, comment me trouves-tu ?

— Très jolie, marmonnais-je.

L'homme qui me forçait à coucher avec lui embrassait alors sa femme dans le cou, puis la prenait par le bras pour l'emmener jusqu'à leur voiture.

23

Il m'arrivait parfois d'être invitée à des sorties avec les enfants de l'homme d'à côté. Seule l'une d'entre elles me revient clairement en mémoire.

Il nous avait emmenés, mon frère et moi, avec eux au bord de la mer, laissant Dora et ma mère ensemble à la maison. C'était l'une de ces journées chaudes et lourdes où, même à l'heure où le soleil était bas dans le ciel, aucun souffle d'air ne venait rafraîchir l'atmosphère. Un jour parfait pour aller au bord de la mer, avait-il déclaré.

Il faisait chaud dans la voiture. Les enfants transpiraient à grosses gouttes, et je n'avais pas le moral du tout. Il nous avait dit de prendre nos maillots de bain, mais le mien était vieux et trop petit. Il moulait ma poitrine naissante, et je ne voulais pas que les gens voient la forme de mes seins quand il était mouillé. Je commençais à avoir des poils, et je craignais qu'ils ne dépassent de mon slip de bain et que quelqu'un le remarque. Enfin, et par-dessus tout, l'homme d'à côté me traitait comme si je n'avais plus la moindre importance à ses yeux.

Ce jour-là, c'était sa fille, et non moi, qui était assise

sur la banquette avant. J'avais été parquée à l'arrière avec les deux petits garçons.

Qu'avais-je donc bien pu faire, me demandais-je, pour qu'il ait ainsi changé d'attitude envers moi ? Je le regardai caresser la tête de sa fille de quatre ans, puis j'entendis le son aigu de la petite voix et celui, plus sourd, de celle du père qui l'appelait sa « petite princesse ». J'en ressentis comme un picotement au niveau de la nuque.

Autrefois, il m'avait accordé toute son attention, m'avait dit de m'asseoir près de lui, avait écouté mes bavardages d'enfant, avait passé sa main dans mes cheveux et m'avait surnommée sa petite Lady. C'était maintenant sa propre fille qui était assise là où je l'avais été, et qui était le centre de toute son attention.

Exaspérée, je remuai sur mon siège, et croisai alors son regard dans le rétroviseur. Il me regardait, l'air moqueur, et je sus que quoi que je fasse pour les dissimuler, il pouvait lire toutes les émotions que j'éprouvais comme dans un livre ouvert.

Je détournai le regard et collai mon visage à la fraîcheur de la vitre pour le reste du trajet, feignant un intense intérêt pour le paysage qui défilait. Je savais qu'il se moquait de moi. J'ignorais juste pourquoi.

Les garçons me cramponnèrent les bras d'excitation lorsque la mer fut en vue, et dès que la voiture s'arrêta, ils bondirent dehors.

Nous retirâmes tous nos chaussures pour marcher dans le sable et patauger dans l'eau claire. Pendant un instant, le contact de la chaleur sous mes pieds et des petites vagues éclaboussant mes jambes me permit d'oublier les soucis qui me minaient.

Il y avait des ânes sur la plage, et un écriteau

annonçant le prix de six pence pour un tour. L'homme d'à côté sortit un florin de sa poche, et nous enfourchâmes nos montures. Il nous paya ensuite d'énormes cornets de glace, qui nous laissèrent, en fondant, la face toute barbouillée et les doigts collants.

C'est alors qu'apparut un joueur d'orgue de Barbarie, serrant l'instrument de musique portatif qui était attaché à son cou grâce à une lanière de cuir. Il diffusait un air populaire qui emplissait l'air de sons enjoués et mélodieux.

Je sentis la main de l'homme d'à côté sur mon bras.

— Regarde, dit-il en me montrant du doigt le petit singe posé sur l'épaule du musicien.

Un attroupement commençait à se former autour de nous, sous l'attraction combinée de la musique et de la petite créature à moustaches qui passait collecter des pièces pour son propriétaire à l'aide d'une timbale en fer-blanc.

L'animal était vêtu d'un costume rouge et jaune. De si jolies couleurs pour un si triste prisonnier, me dis-je en le regardant. Ses yeux croisèrent les miens, et je discernai dans leurs profondeurs un mélange de désespoir et de résignation.

Ceux qui ne percevaient pas cela le pointaient du doigt, jetaient des pièces dans la timbale et riaient. Je savais que personne ne demanderait pourquoi, pourquoi avait-il besoin de cette chaîne autour de son cou pour le retenir à son maître, s'il était si heureux que ça ?

Les doigts de l'homme d'à côté serrèrent mon coude et son pouce se mit à frotter gentiment l'intérieur de mon bras.

— Eh bien, qu'est-ce qui ne va pas, petite Lady ? demanda-t-il.

— Rien, répliquai-je, me disant qu'il devait bien connaître la réponse même si moi je l'ignorais.

— Tu viendras devant avec moi quand on rentrera. Ça te fera du bien.

Le pire, c'est qu'il avait raison.

Les années passèrent sans grand changement dans mon existence. Jack n'avait encore que quelques mois lorsque mon père nous annonça que Dave avait quitté la région. « Il a trouvé un autre boulot quelque part au nord », se contenta-t-il d'expliquer.

Ce fut la dernière fois où le nom de Dave fut mentionné dans notre maison. Jack était maintenant pleinement accepté au sein de la famille, et j'entendais parfois mon père dire fièrement « mes fils ».

Les accès de boisson de mon père se faisaient plus rares, ce qui semblait rendre ma mère plus heureuse, mais je demeurai méfiante, car l'attrait du pub le reprenait tout de même régulièrement. Je retrouvais alors les éclats de rage et les pleurs de ma mère qui suivaient habituellement ses beuveries.

À ma grande surprise, lorsque je fis part à ma mère de la rancœur et de la peur que provoquaient en moi les colères et l'amertume paternelles, elle tenta de l'excuser.

— Ne sois pas si dure avec lui, Marianne, me dit-elle. Il n'a pas eu une enfance facile, tu sais.

— Quoi ? lui répondis-je, n'en croyant pas mes oreilles. Mais ses sœurs, elles, ont l'air d'être très gentilles, et grand-mère ne peut jamais s'empêcher de dire à tout le monde qu'il fait tout bien, même si elle nous regarde de haut.

Ma mère soupira à cette remarque et m'expliqua que

les choses n'avaient pas toujours été comme je le croyais. Elle me raconta alors les détails de l'enfance de mon père, et à quoi avaient ressemblé ses premières années.

— Sa mère, vois-tu, ta si gentille grand-mère, pleine de grands airs et de manières, n'a pas toujours été telle que tu la connais maintenant, me dit-elle. Il fut un temps, Marianne, où toute la ville ne parlait que d'elle. Elle n'était qu'une pauvre fille avec un bébé dans le ventre, ton père, et pas l'ombre d'un mari en vue. Elle ne quitta même pas la ville, comme le faisaient à l'époque les filles respectables quand elles étaient prises en faute. Eh bien, pas elle. Elle continua d'afficher effrontément son ventre rond aux yeux de tous.

Je restai bouche bée au récit de cette histoire. Ma mère avait l'habitude de me traiter en petite fille, à qui l'on ne pouvait confier des faits scandaleux. Mais en cette occasion elle semblait consentir à me parler comme à une adulte.

— Et alors, que s'est-il passé, maman ? lui demandai-je, essayant de contenir l'excitation que suscitaient en moi de telles révélations.

— Pas grand-chose, mais à la surprise générale, sa mère accepta l'enfant. On disait que c'était le fils d'un homme riche et qu'il y avait de l'argent qui circulait, mais à ce jour, même ton père ne sait pas ce qu'il en est. En tout cas, après l'accouchement, elle prit la poudre d'escampette, et c'est sa mère à elle qui s'occupa de lui. Je peux te dire qu'elle lui mena la vie dure. Elle le tenait pour responsable de tous ses malheurs, et prétextait que « qui aime bien châtie bien » pour le rouer de coups à la moindre occasion.

Elle marqua une pause. Je savais que les images de

mon père enfant, livré à la violence de sa grand-mère, étaient bien vivantes dans son esprit, quand elle reprit :

— Toujours est-il qu'il resta avec cette vieille femme perverse jusqu'à ce que sa mère finisse par se marier, et le reprendre. Mais le mal était fait. Il n'a jamais pardonné à sa mère d'avoir laissé faire ça. Je dirai donc une chose pour défendre ton père : il m'a épousée dès que je suis tombée enceinte de toi. Ça n'a pas plu à sa mère, mais il n'est pas parti.

Malgré toutes les excuses qu'elle cherchait à mon père pour justifier sa violence, je ne pouvais l'accepter. Je ne pouvais pas oublier les images de ma mère gisant à terre, le visage tuméfié et la bouche ensanglantée. Je pensai même alors que s'il savait ce que c'était que d'être terrorisé et malheureux, il était impardonnable d'infliger le même sort à d'autres personnes.

Si cette conversation n'était pas parvenue à me faire considérer mon père sous un jour plus favorable, elle me confirma au moins ce que j'avais toujours soupçonné : je n'avais jamais été une enfant désirée.

Peut-être ma mère avait-elle été heureuse lorsque mon père avait accepté de l'épouser à l'annonce de sa grossesse, mais ce bonheur avait dû être de courte durée quand elle réalisa que son mari l'accusait, elle d'abord, puis moi, de l'avoir piégé dans une union qu'il n'avait pas vraiment choisie.

Je compris alors que lorsque ma mère avait réalisé que le pub avait plus de pouvoir qu'elle sur mon père, elle s'était mise à son tour à me tenir pour responsable de sa solitude et du ressentiment de son mari envers elle.

Suite à ces révélations, j'essayai de porter un autre regard sur mon père. Je tentai d'imaginer un petit garçon craintif, accablé à cause de la mauvaise conduite de sa mère. Mais je ne parvenais qu'à voir l'homme d'âge moyen qui régissait son propre foyer par la terreur.

Cette discussion eut une autre vertu : elle m'apprenait que ce que l'homme d'à côté et moi faisions était mal. Ma grand-mère n'avait-elle pas été quasiment bannie de sa ville quand on avait découvert qu'elle avait couché avec un homme sans être mariée ? Et quarante ans plus tard, en dépit de l'évolution des mentalités, je constatais que ceux qui savaient en parlaient toujours en chuchotant, à la façon des conspirateurs.

C'est à cette période que j'essayai de lui dire que je ne voulais plus le faire. Il rit, prit ma tête entre ses mains et me força à le regarder.

— Allons, Marianne, tu veux vraiment que je trouve quelqu'un d'autre ? me demanda-t-il d'un ton ironique. Tu sais ce que ça voudrait dire, n'est-ce pas ?

Je le savais. Cela signifierait me retrouver seule. Il s'était écoulé trop d'années pour que je puisse imaginer à quoi pourrait ressembler une vie affranchie de lui.

— De plus, poursuivit-il, sachant qu'il avait déjà gagné, mais désireux de renforcer l'impact de son contrôle sur moi, je ne pense pas que tu étais vierge lors de notre première fois. Une véritable vierge saigne beaucoup si elle ne l'a jamais fait avant, ce qui n'était pas ton cas, pas vrai ?

Ne connaissant pas vraiment le sens du mot « vierge », mais comprenant au ton de sa voix qu'il était important que je l'eusse été, je détournai le regard et murmurai que si, j'avais saigné un peu.

— Non, Marianne, je crois que tu t'étais déjà amusée avec d'autres garçons avant moi.

Les larmes aux yeux, je secouai énergiquement la tête en signe de déni.

Il me dit alors qu'il me croyait, sécha mes larmes et passa son bras autour de moi. Une fois encore, je ressentis la chaleur du sentiment d'être considérée, une chaleur qui m'accompagna tout le reste de cette journée, car il ne me força pas à faire les choses que je n'aimais pas, et me ramena simplement à la maison.

Quand je me refusai à lui, la fois suivante, il n'y avait plus de voix doucereuse pour m'amener à la soumission. Ses yeux ne souriaient plus, et la froideur de ses mots traduisait son exaspération.

— Ne fais donc pas l'idiote, siffla-t-il.

Je serrai les poings, rassemblant tout mon courage.

— Je vais le dire ! m'écriai-je.

Le regard furieux, la bouche serrée, il m'attrapa par les épaules et se mit à me secouer en réitérant sa menace.

— Aurais-tu oublié la jolie fille ? Oublié ce qui lui est arrivé ? C'est à cause de ce genre de choses qu'elle a été pendue. Combien de fois dois-je te répéter que tu ne crains rien avec moi, que je ne laisserais personne te faire de mal ? Et voilà comment tu me remercies !

Sur le coup, je n'étais pas capable de discerner que c'était lui qui était à l'initiative de ces actes. Rendue muette par un mélange de désespoir et d'impuissance, je me serrai contre la portière de la voiture, tournai ma tête vers la vitre et l'y appuyai. Il passa ses bras autour de moi, mais cette fois sans mots gentils, sans caresses réconfortantes, juste le murmure implacable de ses instructions. Je me retrouvai assise sur lui, mes larmes d'enfant coulant sur son épaule, les poings serrés le long de mon corps, tandis qu'il ouvrait son chemin en moi.

Ne voulant pas que ma culotte soit tachée ou que j'aie son odeur sur moi, je tentai ensuite de me nettoyer.

— Tu sais, Marianne, reprit-il, c'est ce que les hommes font aux filles qu'ils aiment bien, et ils le font quand ils veulent. Tu ne voudrais pas que j'arrête de t'aimer et d'être ton ami, n'est-ce pas ?

— Non, murmurai-je, car j'avais aussi peur de perdre sa protection que d'affronter un monde indifférent.

Les jours d'école, j'entendais sa voiture approcher et sa voix m'appeler. Il n'y avait plus de bonbons pour moi dans la boîte à gants. Juste lui et moi, garés dans les bois. Sa main appuyait sur ma tête, l'amenant au-dessus de son entrejambe pour me forcer à commettre un nouvel acte qui me dégoûtait. D'autres fois, il me prenait sur la banquette arrière, mes jambes en chaussures et socquettes d'écolière de chaque côté de lui tandis qu'il prenait son plaisir.

Les vacances d'été furent de retour, mais les pique-niques à l'étang avaient perdu toute leur magie. Comme je n'avais pas ramassé d'œufs de grenouille cette année, je n'y recherchais donc pas mes propres jeunes protégées, et ma tête n'était plus remplie d'histoires d'adorables petites bêtes à fourrure. Les chaudes journées d'été étaient devenues pour moi synonymes de devoir me coucher sur le dos pendant qu'il jetait un regard furtif aux alentours, s'assurant que personne ne regardait, avant de cracher dans ses mains pour me lubrifier et me pénétrer, rapidement, brutalement, tandis que les enfants jouaient à seulement quelques mètres de là.

Les jours où il ne faisait pas beau, il demandait à ma

mère que je vienne l'aider dans son atelier, pour lui « passer les clés ».

« Tu ne préfères pas que je t'aide, moi ? Je pourrais, tu sais ! » disait-elle en plaisantant tout en lui donnant son accord. Elle précisait toujours que je pouvais y aller pour un petit moment seulement, comme si cela constituait le début d'une menace.

Arrivés dans son atelier, où l'odeur du cambouis me donnait la nausée, il me plaquait au mur pour me prendre – « façon genoux qui tremblent », comme il l'appelait.

Les mois passaient. Je voyais son visage dans mon sommeil, entendais sa voix et me réveillais en me rappelant ce qu'il m'avait fait faire. Je voulais que ma vie change, je voulais que cela s'arrête, mais mon sentiment d'impuissance pétrifiait mes membres et engourdissait mon cerveau.

Mon travail à l'école en pâtit également. Ces images perturbantes ne se contentaient pas de hanter mes rêves nocturnes, mais elles envahissaient aussi mes heures de veille, m'empêchant de me concentrer sur mes cours. La détresse aspirait toute mon attention, rendant mes professeurs de moins en moins bien disposés à mon égard.

« Marianne, as-tu entendu un mot de ce que je viens de dire ? » Telle était la question régulièrement posée par une enseignante connaissant parfaitement la réponse, et qui ne manquait pas de m'en envoyer une seconde après mon timide « Oui, mademoiselle », – à laquelle j'étais évidemment incapable de répondre.

J'entendais son petit grognement d'impatience, le ricanement de mes camarades de classe, et sentais le rouge me monter aux joues. Mais malgré tous mes efforts pour me concentrer sur le cours, mes pensées revenaient toujours à lui.

« Sera-t-il là, à m'attendre, quand la cloche sonnera ? » me demandais-je chaque jour. Le plaisir de le voir et de me sentir chère à son cœur était toujours remplacé par la descente aux enfers du moment où il arrêterait sa voiture dans les bois.

J'eus de plus en plus de peine à faire mes devoirs. Non seulement n'avais-je pas écouté la moitié de la leçon du jour, mais la marmaille turbulente de mes petits frères et sœurs réclamait de plus en plus d'attention.

Cependant, des changements allaient se produire. Le premier était l'annonce de ma mère, quelques mois avant mes treize ans, qu'elle était de nouveau enceinte. Le second fut la disparition de mes règles.

24

Je fermai les yeux en les serrant très fort, ainsi que je le faisais souvent pour retenir mes larmes et me couper du monde des adultes lorsque j'étais enfant.

Je savais que j'étais parvenue à un stade où je devais remettre de l'ordre dans mon histoire, mais dans le même temps, j'avais envie de repousser toutes ces images.

C'est l'arrivée d'une lettre, celle qui était maintenant posée ouverte sur la table basse de mon salon, qui avait éveillé tous ces souvenirs enfouis. Il y a bien longtemps, je les avais ensevelis dans un coin de ma tête. Ils revenaient désormais un à un pour occuper le centre de mes pensées. J'étais assise à prendre mon petit déjeuner, une tartine dans une main et une tasse de café à portée de l'autre, quand ce courrier était arrivé. Mon mari était parti travailler, emmenant avec lui nos deux fils pour les déposer à l'école, et j'appréciais le calme qu'ils avaient laissé derrière eux.

Le bruit de la boîte aux lettres suivi du son mat d'un pli tombant par terre avait annoncé son arrivée. Encore une facture ou de la publicité, m'étais-je dit, mais la curiosité me poussa à aller jusqu'à l'entrée pour vérifier de quoi il s'agissait.

C'était une simple enveloppe blanche, où une main inconnue avait écrit mon nom.

Je passai mon doigt sous la bande adhésive et en sortis deux feuilles de papier à lettres. Aurais-je ouvert cette enveloppe avec la même désinvolture si j'avais su ce qu'elle contenait ? L'aurais-je fébrilement déchirée, ou lâchement abandonnée quelque part sans la lire ? Je l'ignore, mais je me souviens de la façon posée dont je dépliai ses pages pour les ajuster à ma vue, et de leur première phrase.

Elle ne comptait que sept mots. Sept mots qui jaillirent soudain de la feuille et me laissèrent chancelante.

Je pense que vous êtes ma mère.

Avais-je eu une prémonition, ou était-ce l'espoir ténu que cela arrive un jour ?

Peut-être. Toujours est-il que ma main se mit à trembler, et que la cuisine fraîchement repeinte commença à tourner autour de moi comme je continuai de lire.

Je comprends, poursuivait la lettre, *pourquoi vous m'avez fait adopter.*

« Non, tu ne comprends pas », murmurai-je au joli papier à lettres, « tu ne comprends pas ».

Mes yeux parcoururent rapidement le reste de la lettre jusqu'à la dernière phrase :

Je ne voudrais pas perturber votre vie, mais j'espère que vous me permettrez de vous rendre visite. Ma fille m'avait enfin retrouvée, et elle m'avait écrit.

Je caressai le papier du bout des doigts, essayant d'échafauder une image de la femme que ma fille était devenue. Le simple fait de toucher ce qu'elle avait aussi touché si récemment commençait déjà à réduire le gouffre de notre éloignement.

« Qui es-tu, maintenant ? » me demandai-je en silence. « En quelle personne s'est métamorphosé le petit bébé que je n'ai pas revu depuis vingt-cinq ans ? »

Une autre question m'assaillit aussitôt : depuis combien de temps sait-elle qui je suis ?

« Je comprends encore mieux que toi pourquoi tu m'as écrit », murmurai-je à la présence de ma fille, que je sentais couchée sur ces pages. « Tu as des questions qui ont besoin de réponses. Et je sais déjà lesquelles. Est-ce que je t'ai aimée ? T'ai-je confiée dans le chagrin ou dans la joie ? Ai-je pensé à toi après, en reconstruisant ma vie sans toi ? C'est ça, que tu as envie de savoir. »

« Tu sais, continuai-je, quand j'ai appris que j'étais enceinte, je voulais retrouver mon corps, le libérer de ce fardeau. Je voulais que l'intrus qui s'était incrusté en moi s'en aille. Mais au fur et à mesure que tu grandissais, chaque fois que je sentais un mouvement, un petit coup de pied, je sentais tout l'amour que j'avais pour toi. J'étais presque sûre que tu serais une fille. Je t'avais même choisi un prénom.

« Je venais d'entendre ton premier cri quand le docteur coupa le cordon ombilical, et ce lien si fort, bien qu'invisible, te reliait et t'attachait déjà à moi.

« Dès qu'on te posa doucement dans mes bras, tous les efforts que j'avais faits pour pousser, toute la douleur, disparurent d'un coup. Je regardais, émerveillée, ta petite tête couverte de duvet qui reposait au creux de mon bras.

« J'observais la courbe d'une joue rebondie et d'oreilles si délicates et roses qu'elles m'évoquaient les tout petits coquillages polis par la mer. Tu avais les yeux fermés, recouverts de paupières presque transparentes tant elles étaient fines. Les premiers mots qui me vinrent à l'esprit furent “mon bébé”. Je ne les ai jamais oubliés, même si je t'ai ensuite perdue. “Tu es si petite, me disais-je, mais si parfaite !” Je traçais des cercles dans ton dos pour explorer ton corps. Je sentais les petites vertèbres de ta colonne, respirais l'odeur de ta nouveauté, et écoutais le rythme paisible de ta respiration. Et j'étais littéralement submergée par un incroyable sentiment d'amour.

« Chaque jour, pendant ces six semaines où tu étais à moi, je te cajolais et m'imprégnais de cette douce odeur de bébé faite de talc et de lait, mélangée à celle de cette peau neuve, et je sentais les battements de ton cœur près du mien. Et je ne cessais de me demander : “Comment pourrais-je la laisser partir ? Elle est à moi.”

“Tu dois la laisser partir. Elle aura une vie meilleure que ce que tu as à lui offrir. Tu sais que c'est pour son bien.” Voilà ce que me disaient les infirmières quand, soir après soir, je leur posais la question en sanglotant.

« Les jours passèrent très vite. Tous les matins, en m'éveillant, je savais que le temps m'était compté. “Elle me reconnaît”, pensais-je tandis que tu me fixais de tes yeux qui voyaient encore flou, et que de petits doigts roses aux ongles minuscules s'enroulaient autour des miens.

« Tu prenais du poids, je voyais ton ventre devenir plus rond de tout le lait que je te donnais, et tes membres me paraissaient plus dodus chaque fois que je te baignais. J'aurais voulu passer toutes ces journées à te câliner. Le soir, quand je te berçais pour t'endormir, je te chuchotais au creux de l'oreille tout mon amour pour toi. Cet amour, je voulais que tu l'emportes avec toi, où que tu ailles ensuite.

« Le quarante-deuxième jour, je dus te donner.

Est-ce que cela a été facile ? »

En réfléchissant à la réponse à cette question, les années défilèrent. Je n'étais plus Marianne, quarante ans, heureuse en ménage, mais l'adolescente que j'avais autrefois été, debout dans l'agence d'adoption, son bébé dans les bras.

J'avais habillé ma fille de ses plus beaux vêtements, car je voulais qu'elle soit aussi belle que possible pour rencontrer ses nouveaux parents. Je voulais surtout qu'ils l'aiment instantanément, aussi fort que je l'aimais, moi. Elle était si bien ajustée au creux de mes bras, ce jour-là, que je me demandai avec angoisse comment elle ressentirait le fait d'en être séparée à tout jamais. Ma poitrine était lourde du lait qu'elle ne boirait plus. Qui allait la nourrir ? À quoi allait ressembler sa nouvelle mère ? Toutes ces questions s'agitaient dans ma tête. La dame responsable de l'agence d'adoption avança d'un pas décidé pour la prendre. Probablement avait-elle déjà fait cela de nombreuses fois. Elle devait donc savoir dans quel état je me trouvais. Je ressentis alors l'envie irrépressible de serrer ma fille contre moi et de m'enfuir avec elle en courant. Je voulais la garder avec moi. Au lieu de quoi, je tendis mon bébé – car je n'avais nul endroit où m'enfuir.

« Je perdis une partie de moi ce jour-là, continuai-je à raconter à l'esprit de ma fille. C'est la chose la plus difficile que j'aie jamais eue à faire. Mais mon choix était motivé par l'amour, non parce que je ne voulais pas de toi.

« Est-ce que j'ai pensé à toi ? Chaque jour que Dieu

a fait. Je me demandais où tu étais, qui tu étais devenue, et je priais pour que tu sois heureuse et en sécurité. Et tous les ans, lors de ton anniversaire, je ressentais la même souffrance que le jour où je t'avais perdue. »

On dit que le temps guérit tout. Personnellement, je dirais qu'il ne fait que brouiller un peu le passé. Si les souvenirs étaient des petits carrés de tissu, alors j'aurais coloré les bons aux teintes vives du printemps et de l'été pour les coudre dans un immense édredon en patchwork. Les autres carrés, certains aussi noirs que les nuages dans un ciel d'orage, je les aurais repliés pour les cacher derrière les premiers, de sorte qu'ils soient presque invisibles. Sans le remarquer, au fur et à mesure, ces couleurs se seraient mélangées pour faire de mon passé un arrière-plan plus confortable.

Malgré tout, je n'avais pas tous les jours la force de combattre les petites flèches empoisonnées à la mélancolie qui venaient parfois percer mon âme, et me laissaient presque écrasée sous le poids de ma tristesse et de ce sentiment de perte. Je ne pouvais alors écarter les questions de savoir où tu étais, et comment tu vivais.

Je sais que tu auras aussi besoin de la réponse à une autre question. Celle que ton certificat de naissance ne mentionne pas. « Non, car là ce n'est pas juste ma vie, murmurai-je en sirotant mon café, désormais froid, mais aussi la tienne qui risque d'être dévastée si tu apprends la vérité. »

Je posai à mon tour la question à laquelle je souhaitais avoir une réponse : « Si nous nous rencontrons, seras-tu capable de comprendre la jeune fille que j'étais – une jeune fille d'une autre époque, qui n'avait pas tous les choix dont ta génération dispose dorénavant ? Ou bien me verras-tu seulement telle que je suis aujourd'hui, heureuse avec une vie de famille dont tu as été exclue ? »

Je me retrouvai soudain transportée malgré moi presque trente ans en arrière, face à face avec moi-même à l'âge de treize ans, et complètement perdue.

25

Je me trouvais dans le salon de mes parents, dont les murs autrefois coquets étaient désormais tachés d'humidité, et où l'odeur de nourriture avariée et de sueur se mélangeait avec les relents ammoniaqués des couches sales empilées dans un seau de métal.

J'avais le ventre saillant, le corps meurtri et la tête pleine d'une seule émotion : la peur. Devant moi se tenait une employée des services sociaux, une femme aux yeux d'acier, la petite trentaine, vêtue d'un duffle-coat bleu marine et d'une jupe grise plissée. Alertée de ma condition par l'école, elle venait de frapper à notre porte.

Son visage sans maquillage arbora un air de dégoût non dissimulé quand elle passa la pièce en revue.

La vaisselle du petit déjeuner n'avait pas été débarrassée. Des assiettes avec des restes d'œufs et des journaux pleins de taches de gras recouvraient la table, et un amoncellement de miettes de pain jonchait le sol aux alentours. Tous les plats étaient recouverts de restes de sauce figés. Des bouts de feuilles de thé étaient collés aux parois tachées de l'évier, à côté de tasses ébréchées qui séchaient auprès d'un peigne rose crasseux plein de cheveux noirs.

Le plus grand de mes frères et ma sœur étaient à l'école, et le plus petit, le garçon de trois ans aux cheveux roux, était assis par terre, portant encore le pyjama douteux dans lequel il avait dormi. Il ne prêta que peu d'attention à ce visiteur et continua de s'amuser avec ce qui lui faisait office de jouets : un chiffon sale, une poupée cassée et une petite voiture rouillée. Il avait dans la main une croûte de pain qu'il semblait préférer au vieil anneau de dentition qui traînait par terre.

Ma mère, dont le ventre qui hébergeait son cinquième enfant était encore plus gros que le mien, nous dévisagea tour à tour, d'un regard que les années d'épreuves et de déception avaient vidé de toute vie. Les grossesses et le manque de soin avaient empâté son corps autrefois si mince, un corps qui avait eu son lot d'admirateurs avant son mariage précipité.

Sans soutien-gorge, ses seins pendaient sous un pull maculé, de grosses veines dessinaient des marques bleues sur la peau blanche derrière ses jambes, et elle traînait ses pieds gonflés dans de vieux chaussons usés.

En regardant l'assistante sociale contempler les conditions sordides dans lesquelles nous vivions, j'eus un douloureux éclair de lucidité et je vis ce que qu'elle voyait : une pièce répugnante, une adolescente enceinte avec une souillon de mère et un alcoolique de père. Un nouveau triste cas parmi d'autres dans les dossiers d'un travailleur social débordé.

Elle ne pouvait pas voir les bleus qui marquaient encore le corps de ma mère suite à la dernière altercation. Mais elle en reconnut les signes et en tira ses propres conclusions.

Elle n'avait jamais assisté à la détresse de ma mère quand mon père avait bu et perdu au jeu l'argent du ménage, et qu'il n'y avait rien à mettre sur la table. Elle n'avait pas non plus entendu les cris de ma mère lorsque mon père, pris de boisson et perdant toute cohérence, la frappait alors sous prétexte qu'il n'avait pas de repas chaud à son retour.

Cette femme, avec sa voiture et son métier qui lui donnait une indépendance, n'aurait jamais pu comprendre combien des années de pauvreté et de violences répétées avaient pu venir à bout des vestiges de fierté d'une femme autrefois attirante, pour la transformer en la loque humaine aux cheveux gras qui assistait à cette scène dans l'indifférence la plus totale.

Une photo de mes parents jeunes trônait sur la cheminée. J'eus le désir soudain de la montrer à l'assistante sociale pour qu'elle voie que ma mère n'avait pas toujours été ainsi. Qu'elle avait été jolie et souriante, pleine de confiance en l'avenir.

Mais je sentais que la femme n'avait guère envie de s'éterniser. Elle avait surtout une question importante à poser. J'ignorais alors que ma réponse allait déterminer les dispositions qu'elle prendrait pour mon avenir. Je ressentais uniquement son aversion pour moi.

— Qui est le père ? interrogea-t-elle.

La vérité se bloqua dans ma gorge et la peur la changea en une boule qui me coupa la voix et le souffle du même coup. Ma bouche s'ouvrit, se referma, s'ouvrit de nouveau, jusqu'à ce que je parvienne à articuler les mêmes mots que ceux que j'avais dits à la directrice de mon école.

— Je ne sais pas.

Sur ce, elle se tourna vers ma mère et l'informa qu'elle allait faire en sorte que je sois accueillie dans un foyer pour jeunes mères isolées.

— Nous arrangerons ensuite l'adoption du bébé, trancha-t-elle.

Je sentis les larmes me monter aux yeux face à ce jugement sans appel qui était adressé à ma mère, et même pas à moi. Ce bébé avait beau être le mien, je savais déjà que j'étais trop jeune pour avoir le moindre droit sur lui.

Deux mois plus tard, l'assistante sociale revint me chercher pour m'emmener au foyer. Je cherchai le regard de ma mère, espérant un mot de réconfort, rien qu'un seul, qui me témoignerait un peu de son amour, mais ses yeux refusèrent de croiser les miens. À la place, elle se colla une cigarette au coin de la bouche et se pencha pour prendre l'enfant aux cheveux roux.

— Il faut que je le change, dit-elle simplement avant de tourner les talons.

Je pris la valise qui contenait mes quelques vêtements de rechange et une vieille chemise de nuit, et suivis la femme au duffle-coat jusqu'à sa voiture.

Ce n'est que bien plus tard que je pris conscience du fait que ma mère ne m'avait jamais posé la question qui paraissait cruciale à ma directrice d'école et à l'assistante sociale : « Qui est le père ? »

26

Je fermai les yeux très fort et les rouvris. Mes souvenirs s'éloignèrent peu à peu – la pièce sordide, l'incroyable mépris de cette assistante sociale –, et je me retrouvai dans ma propre cuisine au blanc impeccable et aux chromes reluisants.

Je repris la lettre. Ma fille ne m'avait pas seulement indiqué son adresse, mais aussi son numéro de téléphone. Je savais que, ce faisant, elle me signifiait qu'elle attendait mon appel.

Elle écrivait que plusieurs années lui avaient été nécessaires pour me retrouver. Elle avait entamé ses recherches au moment d'avoir un enfant, souhaitant que sa fille puisse connaître sa grand-mère biologique. La maternité avait éveillé en elle de nombreuses réflexions sur sa propre naissance, et son désir de découvrir mon identité avait grandi en même temps que son bébé.

Perdue dans mes pensées, je replaçai lentement la lettre dans l'enveloppe, mais ses mots continuaient de résonner dans ma tête. Le silence de la maison, que j'avais tant apprécié quelques minutes auparavant, me semblait maintenant oppressant, et j'avais envie qu'il soit rempli de voix animées.

« Quel effet cette lettre va-t-elle avoir sur mon mariage ? » me demandai-je.

« Mon mari m'aime », me rassura ma petite voix intérieure. Mais la voix du doute, que nous possédons tous en nous, poursuivit : « Certes, il t'aime, il aime sa famille et son mariage... mais aimera-t-il aussi cela ? »

Je pressai le bouton de la machine, me refis couler un café et pris la tasse chaude et réconfortante entre mes mains pour m'installer sur le canapé. Là, je ne pus de nouveau contenir la force du passé – rendu si proche par l'arrivée de cette lettre.

Nous avions étudié les « choses de la vie » à l'école. C'était bien la seule leçon qui ait retenu toute mon attention, même si je savais déjà comment on faisait les bébés. Quand j'avais eu mes premières règles, l'homme d'à côté m'avait dit qu'il ferait attention à « tout ça ».

Il m'avait affirmé que les filles ne pouvaient tomber enceintes qu'à une certaine période du mois. Je l'avais cru, mais je savais également ce que signifiaient deux cycles sans règles.

Je le lui dis.

J'espérais ardemment qu'il se montre gentil, qu'il me prenne dans ses bras, et me rassure en me disant qu'il allait prendre soin de moi et que tout se passerait bien. Mes espoirs furent balayés dès que je prononçai les mots exprimant ma crainte.

Ses mains se crispèrent si fort sur le volant que leurs jointures devinrent blanches, et un éclair de furie traversa son regard.

— Comment sais-tu qu'il est de moi ? me lança-t-il avec méchanceté.

Je me mis à pleurer, et lui dis qu'il n'y avait jamais

eu d'autres garçons, mais il se contenta de me regarder comme si j'étais un objet qu'il détestait.

— Écoute, Marianne, pas un mot là-dessus, tu m'entends ? Ne va surtout pas essayer de raconter des salades à mon sujet ! Qui te croira, de toute façon ?

— Mon papa..., commençai-je.

— Quoi, ton père ? Quand il accusait ta mère en disant que ton frère n'était pas de lui, qu'est-ce qu'il a fait, hein ? Dave était toujours dans les parages, il me semble, quand ton père croyait encore que le gosse était de lui, non ? Et qui est-ce qui s'en est pris plein la figure à la place ? Ta pauvre mère, bien sûr, et enceinte, par-dessus le marché. Alors réfléchis bien, Marianne : si tu parles, tu ne feras qu'aggraver les choses. Et qui paiera les pots cassés, à ton avis ? Parce que ce ne sera pas moi, en tout cas. Non, si tes règles ne reviennent pas, tu n'auras qu'à dire que tu t'es amusée avec les garçons de ton école, et que tu ne sais pas lequel d'entre eux t'a engrossée.

— Mais je n'ai pas fait ça ! protestai-je, le visage inondé de larmes.

— Écoute, tu ferais bien de ne pas aggraver ton cas. Vois-tu, la loi t'interdit d'avoir des rapports sexuels avec quelqu'un de plus de seize ans, et tu l'as fait. Alors contente-toi de dire que tu ne sais pas de qui est ce bébé. Mais ça, c'est uniquement si tes règles ne reviennent pas. Remarque, je ne pense pas que tu auras tant de questions que ça.

Il avait raison. Je n'en eus guère.

27

Dora venait rarement à la maison. Je n'y avais jamais prêté attention, présumant simplement qu'elle préférait l'ordre et la netteté de son propre intérieur. Pourtant, le matin où ma mère décida de me parler de mes règles, elle était assise dans la cuisine.

Une théière était posée sur la table. Les enfants s'amusaient dehors avec un assortiment de jeux qu'elle avait amenés pour eux, et Jack était par terre, sur une couverture, une tétine crasseuse dans la bouche.

Il ne parlait toujours pas, et malgré son âge, ma mère avait l'air de se satisfaire qu'il portât toujours des couches.

Il gloussait en essayant de saisir de ses petites mains potelées les rayons de soleil qui dansaient sur le sol.

— Marianne, viens t'asseoir avec nous, me dit Dora.

Reconnaissant la différence entre un ordre et une simple demande, j'eus un pincement au ventre : le ton de sa voix m'indiquait clairement que cette discussion ne serait pas anodine.

Je n'avais aucune excuse pour y échapper. J'enlevai donc la pile de couches pour bébés, des culottes en plastique et une brosse à cheveux de la chaise pour m'y asseoir, et attendis de voir de quoi elles voulaient me parler. Ma curiosité n'eut pas à en souffrir bien longtemps.

— Alors, dis-moi Marianne, où as-tu mis tes serviettes hygiéniques ces dernières semaines ? Pourquoi ne me les as-tu pas données pour que je les brûle ? interrogea ma mère sans détour, tandis que le pincement se précisait dans mon ventre.

Je pris soudainement conscience que j'avais quatre yeux de femmes braqués sur moi. Gênée par le poids de leur regard, je me tortillai sur ma chaise sans répondre.

— Marianne, réponds à ta mère, m'enjoignit Dora avec sévérité.

« Ce ne sont pas vos affaires ! » criait une petite voix en moi. Mais ces mots restèrent à l'intérieur. Je réalisai alors que cette visite avait été organisée dans l'unique but de me questionner.

— Je te les ai données la dernière fois que j'ai eu mes règles, répondis-je, consciente des regards que les deux femmes échangeaient tandis que je parlais.

J'avais envie de quitter la table et de m'enfuir n'importe où, loin de mes deux accusatrices. Je ne voulais pas répondre à leurs questions. Même lorsque j'avais parlé à l'homme d'à côté, je n'avais pas osé prononcer le mot qui me faisait si peur. Depuis lors, je l'avais repoussé au fond de ma tête, sachant bien qu'il finirait un jour par sortir – « enceinte ». Mais je ne pouvais pas l'être vraiment, n'est-ce pas ? J'avais les mains moites, la bouche sèche et les yeux rivés à la table.

Un épais silence suivit ma réponse. Dora fut la première à le rompre.

— Ta mère m'a dit que cela faisait un certain nombre de semaines ? dit-elle.

Ma petite voix intérieure me soufflait de demander

pourquoi c'était elle et non ma mère qui posait cette question. Mais je ne dis rien.

— Tu sais quoi, Marianne ? dit-elle quand elle prit conscience qu'elle n'aurait pas de réponse de ma part. Viens chez moi tout à l'heure. J'essaierai de t'aider. Ce n'est pas bon pour ta santé de ne pas les avoir pendant si longtemps.

L'espoir m'envahit. Si seulement elle pouvait faire cela, faire revenir mes règles ! Mais l'inquiétude qui me minait ne lâchait pas prise.

Ma mère refusa de croiser mon regard. Lorsque Dora fut partie, voulant clairement éviter toute conversation, elle se leva et débarrassa les tasses. Je voulais lui parler, et qu'elle me parle aussi, mais elle s'occupa de Jack en se penchant de sorte que ses cheveux lui tombent sur le visage, dissimulant son expression.

— Maman ? demandai-je quand le silence avait assez duré pour me rendre encore plus fébrile. Je vais chez Dora alors... d'accord ?

Elle opina du chef sans que je puisse voir davantage son visage. Comme je passais la porte, je remarquai que pour une fois elle ne demandait pas pour combien de temps j'en aurais, ou de prendre les deux plus grands avec moi.

J'entrai dans le salon de Dora, dont l'attitude n'avait rien qui fût susceptible de me mettre mal à l'aise. Elle était aussi sympathique que d'habitude, sans aucune trace de la sévérité que j'avais vue à la table de ma mère. Son sourire était bienveillant et sa voix chaleureuse quand elle me demanda de m'allonger sur le canapé pour qu'elle puisse « tâter un peu » mon ventre.

Rassurée de voir qu'elle était pleine de bonnes intentions à mon égard, je m'étendis docilement, la tête posée sur un accoudoir, mes pieds sur l'autre, et ma robe bien pliée sous moi.

— Allons, Mary, susurra-t-elle gentiment, je ne peux rien voir comme ça. Remonte ta jupe.

Ses mains parcoururent mon ventre pour atteindre leur but. Je remarquai alors pour la première fois les racines noires de ses cheveux blonds, les pattes d'oie autour de ses yeux et toutes les rides qui entouraient sa bouche.

Cela conférait une dureté à son visage que je n'avais jamais perçue auparavant, et j'eus soudain l'impression de me trouver face à une étrangère, quelqu'un que je n'avais jamais vraiment connu malgré toutes ces années à se fréquenter.

— OK, Marianne, finit-elle par dire. Je pense savoir quel est le problème. J'ai quelque chose qui devrait te tirer d'affaire.

Elle me demanda de rester où j'étais et se dirigea vers la cuisine. J'entendis des bruits de poêles, de casseroles remuées, des placards ouverts et fermés, puis, après ce qui me sembla durer une éternité, elle revint avec un plateau dans les mains. Je me mis à trembler quand je vis ce qui était posé dessus.

J'ignorais ce qu'elle allait faire de tout ça ; je savais juste que ces objets m'inspiraient de la répulsion. Il y avait là un rouleau de caoutchouc noir avec un entonnoir à une extrémité, une jarre dont s'échappait de la vapeur, et quelque chose qui ressemblait à une épaisse balle rouge. Elle le posa par terre, sortit une couverture de l'arrière du canapé pour l'étaler au sol, et y installa le plateau.

— Il va falloir te mettre par terre pour que ça

marche, m'indiqua-t-elle, sans autre explication de ce qu'elle allait faire.

Je m'y allongeai et lui jetai un regard angoissé.

— Attends une seconde, me dit-elle.

Elle marcha jusqu'à la porte d'entrée, la verrouilla, puis ferma les rideaux et alluma la lumière.

— Allez, la culotte, maintenant ! fit-elle d'un ton enjoué, comme si j'étais habituée à me retrouver presque nue par terre.

Les joues brûlantes de honte et de peur, je me contorsionnai pour retirer ma culotte et tentai inutilement de couvrir ma nudité avec ma jupe.

— Allons, ne fais pas ta prude, me dit-elle en riant et en relevant de nouveau ma jupe jusqu'à ma taille.

— Dieu du ciel, Mary ! Je ne savais pas que tu avais tellement grandi de là aussi, s'exclama-t-elle en plaçant un coussin sous mes fesses et en écartant mes cuisses.

La gêne et la honte commençaient à me submerger.

— Ça ne fera pas mal. Surtout, ne bouge pas.

Elle prit alors le tube, et, à ma grande horreur, l'inséra en moi. Avant que je réalise ce qu'elle allait faire, elle prit la jarre et commença à en verser l'eau chaude et savonneuse dans l'entonnoir. Je sentais la chaleur du liquide me parcourir.

Son visage ne souriait plus. Il exprimait seulement la froide détermination de celui qui veut accomplir la tâche entreprise.

— Il faut nettoyer ce qu'il y a là-dedans, me dit-elle sans préciser la nature du « ce ». C'est ça qui stoppe tes règles.

À cet instant, une image de ce qui pouvait se trouver en moi me vint à l'esprit. Dans mon imagination, je vis un tout petit bébé, un bébé dont les membres minuscules commençaient à se débattre tandis qu'il se noyait dans l'eau qu'on versait dans mon corps. Je me rappelai soudain les petits chats dans le sac, et frémis de peur et d'horreur.

Je voulais dire à Dora d'arrêter, mais trop tard, la jarre était vide. Elle disposa d'autres coussins sous mes jambes et me demanda de rester tranquille le plus longtemps possible.

— Plus longtemps l'eau restera en toi, plus on aura de chances que ça marche.

Telle fut sa seule explication.

Un peu plus tard, elle m'aida à me vider au-dessus d'une bassine.

— Quand tu te mettras à saigner, ce sera abondant, m'avertit-elle, alors assure-toi d'avoir une bonne quantité de serviettes hygiéniques sous la main. Tu auras peut-être des crampes. Tiens, voilà des comprimés, ça te fera du bien.

Elle me mit deux pilules blanches dans la main. Je quittai ensuite son domicile pour rentrer à la maison. Ma mère ne me posa aucune question.

Dora avait raison sur un point : j'eus des crampes, terriblement douloureuses, qui me scièrent en deux jusqu'à me couper le souffle. Mais elle s'était trompée sur les saignements.

Mes règles ne revenaient pas.

Pendant quarante-huit heures, Dora et ma mère me demandaient incessamment si mes règles étaient revenues. Je leur parlai des crampes et leur dis que je ne me sentais pas bien, mais la seule chose qui semblait les intéresser était de savoir si je saignais ou non.

Chaque fois que je leur répondais « Non », elles se regardaient mais ne me disaient rien.

Je songeais à l'homme d'à côté. Était-il au courant pour le tube et l'eau savonneuse ? Et je me demandais pourquoi personne n'osait prononcer le mot « enceinte ».

C'est encore Dora, et non ma mère, qui m'emmena par le train jusqu'à une clinique de Londres.

On m'allongea sur le dos, les pieds posés dans des étriers de métal, tandis qu'un médecin m'examinait d'un doigt recouvert de latex. On m'introduisit un objet froid métallique, et je recommençai à avoir des crampes. Des larmes se mirent à couler de mes yeux. Je détournai la tête et tentai de prendre sur moi. L'infirmière qui me tenait le bras caressait mes cheveux, mais son regard était plein de désapprobation.

Le médecin s'adressa à Dora, et non à moi. Je l'entendis prononcer les mots « plus de trois mois ». Je savais ce que cela signifiait : que c'était un bébé que j'avais en moi. J'écoutai Dora lui demander s'il pouvait faire quelque chose, ce qui voulait dire éliminer le bébé.

— Non, dit-il. Elle est bien trop avancée.

J'espérais que mon bébé ne puisse pas les entendre.

— Bon, eh bien voilà, c'est comme ça, dit Dora en quittant la clinique.

Elle ne voulait toujours pas prononcer le mot « enceinte ».

Sur le chemin du retour, elle me dit qu'elle devait se rendre à l'école pour parler à la directrice. Avant quoi, j'étais tenue de rester à la maison.

« Mais pourquoi elle, et pas ma mère ? » me demandais-je toujours sans oser le formuler. Dora me ramena auprès de ma mère, qui me jeta un regard absent après que Dora lui ait chuchoté quelque chose à l'oreille.

Une foule de questions sur ce qui allait m'arriver se bousculait dans ma tête. Je me disais qu'ils allaient sûrement me demander qui était le père. J'avais répété mes mensonges pour être prête à les asséner.

Mais la question ne vint pas.

Je retournai à l'école le jour suivant, car personne ne m'avait dit de ne pas y aller. On m'arrêta bien avant la salle de classe. Dès que j'eus franchi la grille, une main agrippa mon bras et la voix de mon professeur m'ordonna de me rendre immédiatement au bureau de la directrice.

J'allais être renvoyée. Les mots « mauvaise influence », « du jamais vu » ou « énorme déception » sortirent de sa bouche, accompagnés d'un torrent de reproches que j'étais trop choquée et honteuse pour pouvoir pleinement comprendre. Ils emplirent ma tête et scellèrent mes lèvres, et c'est dans le silence que je quittai l'établissement sans un mot de plus.

En franchissant l'enceinte de l'école, une partie de moi se mit à espérer qu'il serait là, à m'attendre dans sa voiture. Mais il n'y était pas.

Ne sachant que faire, je rentrai à la maison.

Lorsque je lui annonçai que je n'avais pas le droit de retourner à l'école, ma mère me répondit seulement : « Et alors, à quoi tu t'attendais ? » Avant que j'aie eu le temps de songer à une réponse, ses prochains mots allaient donner le ton de ce qui m'attendait les mois suivants.

« Il vaut mieux que personne ne te voie, insista-t-elle. Que personne ne sache. »

Elle énonça alors le règlement. La route, les champs

et l'étang, c'était terminé. Je ne devais pas non plus me rendre dans la partie avant du jardin, où des passants auraient pu me voir. Si j'avais besoin de prendre l'air, je pouvais aller derrière, près des toilettes.

Si quelqu'un se manifestait, à l'exception de Dora, je devais monter dans ma chambre et y rester jusqu'à ce qu'il parte. Je la regardais, horrifiée à l'idée d'être ainsi emprisonnée à la maison pendant des mois.

Je scrutai son visage, cherchant à y déceler la trace d'un sentiment de compassion à mon égard, un soupçon d'attention. L'espace d'un instant, il me sembla y voir un semblant de pitié, mais il disparut immédiatement. Elle arborait la même expression que celle que j'avais vue sur le visage de Dora quand elle essayait de faire partir le bébé : une détermination d'acier. J'en pris conscience et cessai le combat, puisque rien de ce que je pourrais dire n'influencerait sa décision.

— Oh ! et, Marianne, dit-elle, ton père veut te parler quand il rentrera des champs, alors reste dans ta chambre en attendant !

— Pourquoi dois-je rester dans ma chambre ? demandai-je, sentant déjà les murs de la maison se refermer sur moi.

Son seul argument était qu'il serait peut-être de meilleure humeur après avoir dîné. Elle ne voulait pas me voir avant qu'il ait terminé son repas.

J'avais une heure à attendre avant que mon père ne rentre du travail. Les minutes s'égrenèrent lentement. J'avais le ventre noué par cette question : si ma mère était capable de se conduire de la sorte avec moi, qu'allait-il en être avec mon imprévisible père ?

Je restai près de la fenêtre de ma chambre, le rideau serré dans la main, et regardai au-delà du gravier, me demandant où était l'homme d'à côté. Toutes les pensées de ce qu'il m'avait forcée à faire m'avaient totalement quittée ce jour-là.

Au lieu de quoi, je me rappelais comment il m'avait sauvée de l'homme sans jambes. J'entendais sa voix me dire que rien de mal ne pourrait m'arriver, qu'il serait là pour s'occuper de moi. J'aurais voulu qu'il vienne chez nous pour tout arranger. Je guettais le moment où il rentrerait du travail, mais il avait la tête tournée quand je pus enfin l'apercevoir.

« Ne sent-il pas que je le regarde ? » me demandai-je. Ma petite voix intérieure me murmura : « Si, il sait très bien que tu es là, mais il ne t'aidera pas », et je le vis marcher jusqu'à sa maison sans s'arrêter un quart de seconde pour regarder dans ma direction. Je continuai pourtant mon observation derrière le rideau. Il allait sûrement sortir et lever les yeux vers moi en souriant, avec ce sourire qui m'était autrefois réservé, celui qui signifiait que je lui étais chère. Mais il ne réapparut pas. C'est la silhouette de mon père rentrant à vélo que je vis à la place.

Il leva les yeux en descendant de sa bicyclette. Je tentai de ne pas me montrer, mais je sus qu'il m'avait vue.

Environ une heure de plus s'écoula avant que mon père ne m'appelle. Les jambes tremblantes, je descendis timidement l'escalier.

Il était debout à me regarder descendre les marches. Retournant une chaise, il s'y assit à califourchon et posa ses bras sur le dossier, me fixant droit dans les yeux. Baissant les miens, j'essayai d'éviter son regard implacable et fis semblant d'étudier le motif du sol avec grand intérêt.

— Bon alors, qu'est-ce que c'est que ce pétrin dans lequel tu t'es foutue ? demanda-t-il.

Je savais que la question était purement rhétorique, car il enchaîna directement sur la deuxième sans me laisser l'occasion de répondre.

— Je suppose que tu ne me diras pas de qui il est ?

Je compris alors que l'homme d'à côté avait raison personne n'allait exiger que je révèle l'identité du père.

Je secouai la tête, désemparée. Mais quelque part, je sentais bien qu'il ne souhaitait pas connaître le nom.

« Ils savent déjà, ils savent que c'est lui », me murmura ma petite voix. Mais cette fois je refusai de l'entendre, tant l'énormité de la chose me l'aurait rendue incompréhensible.

Sans mot dire, j'attendis la suite de ce qu'il avait à me dire. Ce ne fut pas bien long.

— Bien, tant que tu seras à la maison, tu dois rester hors de vue, tu m'entends, Marianne ?

— Oui, papa, murmurai-je faiblement.

— Tu aideras ta mère à s'occuper des petits. Mais que je ne t'attrape pas sur la route ! Ne te montre même pas à la porte d'entrée. Est-ce bien compris ?

— Oui, papa. Maman me l'a déjà dit.

— Oh ! une dernière chose !

Je me demandai ce qu'il pourrait encore inventer pour aggraver mon sort.

— Je ne veux plus que tu regardes comme ça par la fenêtre.

Il m'avait donc vue, pensai-je, et il devait bien savoir qui je guettais en le faisant. J'attendais qu'il me dise autre chose, mais il se contenta d'ajouter :

— Maintenant viens t'asseoir et mange ton repas.

Essayant de dissimuler ma consternation, mais soulagée de ne pas m'être pris une raclée, je passai devant lui, m'installai à table et tentai d'avaler un peu du ragoût qui était posé devant moi.

L'homme d'à côté avait bien prédit leur indifférence. Mais au moins, on ne m'avait pas frappée.

28

Si ma mère allait lui rendre visite, Dora, elle, ne revint pas chez nous, et durant les semaines de confinement à la maison qui suivirent mon renvoi de l'école, je ne vis que mes parents et les enfants.

Je ne pouvais échapper à ces quatre murs, à la froideur de ma mère, à l'indifférence de mon père et à la désertion de l'homme d'à côté. Je trouvai néanmoins refuge dans un recoin particulier de mon esprit, en m'inventant de nouveau des histoires.

Cette fois, elles ne portaient pas sur de gentils petits animaux ou sur des enfants d'une autre ère, mais sur un bébé à l'odeur sucrée, une adorable petite fille qui dormait dans ma chambre et portait les jolis vêtements roses que je lui avais tricotés.

Je me la figurais blonde avec des yeux bleus, très proche de ma poupée Belinda. Dans mes rêveries, je la voyais grandir, apprendre à marcher en tendant les bras vers moi, m'appeler maman et m'aimer comme personne ne l'avait jamais fait.

Je lui choisis un nom – Sonia – et souriais en pensant au moment où elle arriverait. Pendant les quatorze jours où je posais les mains sur mon ventre en imaginant mon bébé grandir en moi, j'étais dans une inconscience béate de ce que mes parents avaient prévu pour moi.

Ma mère avait-elle réalisé que mon calme était dû au fait que je croyais le pire derrière moi ? Toujours est-il qu'elle ne dit rien pour me faire perdre mes illusions.

Cela, elle le réserva à l'assistante sociale qui vint nous voir le quinzième jour. Ce jour-là, on frappa à la porte. Suivant les instructions de ma mère, je pris immédiatement la direction de l'escalier.

« Reste là, Marianne », m'ordonna ma mère. Décontenancée, je m'arrêtai en bas des marches, attendant de voir quel était ce visiteur que j'avais le droit de rencontrer.

Ma mère ouvrit la porte à une femme d'environ trente ans, bien habillée, dont le visage ordinaire et sans maquillage m'était inconnu. Elle se présenta comme étant miss Cooper, ma nouvelle assistante sociale, et expliqua que mon dossier lui avait été confié lorsque l'école avait rapporté ma grossesse aux autorités.

Elle était chargée – comme elle le formula avec délicatesse – de prendre toutes les dispositions qui me seraient utiles, le moment venu.

Elle me demanda qui était le père, question à laquelle je marmonnai ma réponse habituelle : « Je ne sais pas. »

— Oui, dit-elle de ses lèvres pâles qui exprimaient déjà de l'antipathie, ta directrice m'a déjà dit ça.

Elle ne t'aime pas, me souffla la petite voix dans ma tête, elle veut juste faire son travail et partir. Et je savais que cette fois la voix avait raison.

Sans la moindre trace de préoccupation dans son intonation, elle en vint à me dire quelles dispositions avaient été prises pour mon futur.

À six mois de grossesse, j'allais intégrer un foyer de mères isolées.

— Pourquoi ? demandai-je, car la ville qu'elle mentionnait était à plus de trente kilomètres de chez moi. Pourquoi ne puis-je pas l'avoir à la maison, comme maman ?

— Ce n'est pas possible, Marianne, me répondit-elle.

C'est alors que j'entendis de nouveau le mot « adoption », et, en intégrant ce mot, je compris ce que mes parents avaient décidé avec les services sociaux.

Mon bébé allait être donné. Un couple avait déjà été choisi pour devenir ses parents. Je n'aurais que six semaines avec elle, puis tout serait fini et je pourrais revenir à la maison.

N'osant y croire, je me tournai vers ma mère. Ce ne pouvait pas être vrai ? Je vis qu'elle détournait la tête pour ne pas croiser mon regard, et compris que c'était pourtant le cas.

— Tu n'as que treize ans, Marianne. Tu es encore une enfant, renchérit l'assistante sociale d'un ton froid. Tu dois retourner à l'école. Tu ne peux pas t'occuper d'un enfant, et, soyons honnêtes, ton comportement jusqu'ici n'est pas celui d'une jeune fille responsable. Tu ne sais même pas qui est le père, n'est-ce pas ?

Je n'avais rien à répondre à cela, ce qui, pour des raisons différentes, n'échappa ni à ma mère ni à elle.

— Tu resteras au foyer durant les trois derniers mois de ta grossesse, poursuivit-elle, ignorant mon désarroi évident. C'est ta mère qui l'a souhaité, afin que tes frères et sœurs ne voient pas que tu es enceinte. Puis tu y passeras les six semaines qui suivront la naissance du bébé.

La peur, celle qui paralyse quasiment, vous casse les

jambes et vous retourne le ventre, m'envahit de haut en bas.

Elle étouffa ma voix, m'empêchant d'ouvrir la bouche pour me défendre. Je me sentais vidée et engloutie sous des vagues de désespoir.

Non seulement mes parents avaient-ils arrangé dans mon dos l'adoption de mon bébé, mais ils voulaient aussi m'éloigner. À l'exception de la soirée où je me préparais à être demoiselle d'honneur, il y a bien longtemps, je n'avais jamais passé une nuit sans ma famille. J'étais pétrifiée à l'idée de vivre tout ce temps loin d'eux tous.

La date fut posée, et l'on convint que l'assistante sociale reviendrait dans deux mois pour m'emmener au foyer des jeunes mères isolées. Ayant accompli sa tâche, elle referma son dossier, se le glissa sous le bras et quitta les lieux.

— Non ! me mis-je à hurler dès que la porte se referma.

— Ce sera mieux comme ça, soupira ma mère d'un air las.

— Mieux pour qui ?

— Pour le bébé, Marianne, répondit-elle.

La bouche pincée, elle se détourna et je sus que la conversation était terminée.

Je ne pouvais rien faire de plus, à part me rendre dans ma chambre pour me tenir aussi éloignée de ma mère que possible, jusqu'à ce que je me sente de nouveau capable de lui faire face. Peut-être le comprit-elle, car elle ne m'appela pas pour que je l'aide aux corvées comme elle le faisait habituellement.

Arrivée à l'étage, je m'assis sur le bord de mon lit défait, fixant les murs, les mains serrées sur mon visage.

Je sentais les larmes refouler dans ma gorge jusqu'à former une espèce de boule solide qui menaçait de m'étouffer. En repensant à la conversation avec l'assistante sociale et ma mère, je balançais mon corps d'avant en arrière, complètement effondrée.

Les mots « Qu'est-ce que j'ai fait ? Mais qu'est-ce que j'ai fait ? » résonnaient inlassablement dans ma tête, et cette petite voix intérieure répondait dans un murmure « Que pouvais-tu faire ? » Ces deux questions se poursuivaient en boucle dans mon cerveau encore engourdi par le choc et l'émotion.

Une autre interrogation vint encore s'y ajouter : pourquoi mes parents ne m'avaient-ils jamais demandé qui était le père ?

29

Le matin où je devais me rendre au foyer, je m'éveillai brusquement d'un profond sommeil. La lumière diffuse qui passait à travers le rideau m'indiquait qu'il était trop tôt pour se réveiller, mais quelque chose m'avait tirée de mon sommeil, un bruit inhabituel dans ma chambre. Mon cœur s'accéléra tandis que je tendais l'oreille pour l'identifier. Je sortis de mon lit et m'approchai de la fenêtre, où le son semblait plus proche. En regardant de plus près, je découvris un papillon de nuit coincé entre le rideau et la vitre. Il bataillait désespérément pour sortir de là, et c'est le battement de ses ailes qui m'avait réveillée.

J'ouvris ma fenêtre pour le laisser s'échapper et regardai les petites ailes s'agiter comme il s'envolait pour retrouver sa liberté. J'aurais aimé pouvoir le suivre.

Huit semaines s'étaient écoulées depuis la visite de l'assistante sociale. Je devais quitter la maison aujourd'hui, et je n'avais pas fait ma valise. Je jetai un coup d'œil navré à ma petite sélection de vêtements. Je n'en possédais déjà pas beaucoup, mais l'expansion de mon ventre réduisait encore mes possibilités de m'habiller.

Exaspérée, je les jetai en un tas sur le lit. La moindre décision me semblait difficile à prendre.

Je vis mon reflet dans le miroir, celui d'une jeune fille bien différente de celle qui avait rencontré l'assistante sociale. Les semaines passées m'avaient transformée au point que je ne me reconnaissais presque plus. Je ne pouvais plus cacher mon ventre, qui dépassait désormais de ma silhouette menue. N'importe qui aurait pu voir que j'étais enceinte. Mes petits seins avaient grossi, et une fragilité nouvelle se lisait sur mon visage. La rondeur de la jeunesse en avait disparu, pour laisser la place à des pommettes saillantes et à un menton pointu.

La fille qui me contemplait de ses yeux mornes, cerclés de rouge à force de pleurer, était pâle, avait les cheveux secs et cassants et une bouche qui semblait avoir oublié depuis longtemps comment sourire.

Je me sentais lourde, j'avais mal au dos, mais j'étais surtout dévorée par la tristesse écrasante que je ressentais constamment. Elle remplissait chaque instant de mes heures de veille et se glissait dans mes rêves nocturnes pour me réveiller sur un oreiller mouillé de larmes, au fur et à mesure que l'inévitable perte du bébé que j'aimais déjà se rapprochait. Je pensais à ce qui nous attendait, la sentant en même temps bouger dans l'espace qu'elle occupait en moi – juste sous mon cœur.

Je l'imaginais pelotonnée dans mon ventre, consciente qu'à six mois tous ses membres étaient déjà formés et qu'il ne lui restait plus qu'à grandir un peu avant de venir au monde.

Tous les soirs, avant de me coucher, et chaque matin au réveil, je parlais doucement à ma fille – car je savais d'instinct que c'était une fille. Je lui disais combien je l'aimais, comme j'avais hâte de la rencontrer, mais je ne parvenais pas à prononcer ou même à reconnaître le terme « adoption ».

Ce matin, je mis mes mains sur mon ventre, touchant sa rondeur.

« Est-ce que tu sens ça, Sonia ? dis-je. Tu sens mes mains qui te touchent ? »

La réalité de ses mouvements et la tension de ma poitrine d'adolescente se préparant à l'accueillir ne faisaient qu'exacerber la souffrance que son départ laisserait dans ma vie.

« Comment peuvent-ils me faire ça ? Et lui faire ça, à elle ? » me demandais-je, atterrée. Je songeais au couple sans visage qui attendait aussi sa naissance, pleine d'interrogations à leur sujet.

Je me les représentais habitant une grande maison, qui semblait bien triste en l'absence de tout rire d'enfant. Il y aurait une chambre fraîchement décorée dans les tons pastel, prête à recevoir mon bébé, avec plein de peluches, un petit lit blanc au-dessus duquel flotterait un mobile, et, près de la fenêtre, un rocking-chair dans lequel la nouvelle maman de mon bébé irait s'asseoir pour lui donner le biberon. Contre le mur se trouverait une commode à tiroirs pleine de vêtements de bébé, et le sol serait recouvert d'un tapis de laine, pas comme ceux que j'avais chez moi, à base de chiffons, mais d'une belle laine douce avec de délicats motifs de roses. Leur maison aurait une vraie salle de bains, un patio et un salon trois pièces aux coussins de couleurs vives. Je me disais qu'ils avaient sûrement très envie d'un bébé, et qu'ils l'aimeraient dès qu'ils la ramèneraient chez eux. Puis je pleurais à chaudes larmes en pensant que j'allais la perdre et que nous ne nous connaîtrions jamais.

30

— Il est l'heure d'y aller, Marianne, me dit l'assistante sociale en jetant un œil à mon maigre bagage. C'est tout ce que tu as ?

— Oui.

Elle le prit avec elle.

— Tu ne dois plus rien porter de lourd, maintenant, dit-elle avec un sourire dénué d'humour en se dirigeant vers la porte.

Je regardai ma mère, et vis les cernes que la fatigue avait creusés sous ses yeux. Je vis aussi son ventre, plus gros que le mien, qui tendait le tissu usé de son unique robe de maternité.

Quand je reviendrai, il y aura un autre bébé à la maison, songeai-je tristement, mais ce ne sera pas le mien.

Ma mère se tenait près de la porte tandis que je sortais. J'avais envie qu'elle me dise un mot gentil, que je pourrais garder dans un coin de ma mémoire pour me le repasser le soir, quand je serai seule.

« Prends-moi dans tes bras, brûlais-je de lui demander. Dis-moi que je vais vous manquer, ou simplement que tu m'aimes. » Mais ces mots restèrent dans ma tête, et ma mère n'en fit rien. Elle me dit juste de faire attention, de prendre soin de moi, et demeura dans l'encadrement de la porte pour me regarder partir.

J'observai la maison voisine, mais elle était fermée. L'homme d'à côté et sa famille n'étaient pas en vue.

L'assistante sociale déposa ma valise dans le coffre et me dit de me mettre à l'aise. Après les petites routes en vinrent de plus grandes, sinueuses et bordées d'arbres. Il y avait peu de circulation, juste un tracteur et quelques voitures, mais je remarquai qu'elle conduisait très attentivement, car ses yeux scrutaient sans cesse le rétroviseur et ses mains agrippaient fermement le volant.

J'appuyai ma tête contre la vitre et regardai défiler les champs qui avaient été moissonnés quelques semaines plus tôt. La vue de la ferme où travaillait mon père me fit penser à l'homme d'à côté. Il devait être quelque part, par là – mais où ? –, à réparer des voitures ou à réviser les tracteurs de la ferme.

Je me demandais : « Pense-t-il parfois à moi ? À ce qui va m'arriver, est-ce que je vais bien ? Il doit savoir pour le bébé, mais sait-il qu'il va être donné comme un petit chiot qu'on ne veut pas garder ? »

« Bien sûr qu'il sait ! » s'écriait la petite voix dans ma tête, et une lointaine et profonde colère m'envahissait à l'idée de sa trahison. J'en avais les joues en feu et les mains moites.

Quelques kilomètres plus loin, nous passâmes devant les bois où l'homme d'à côté m'avait si souvent emmenée. Je frissonnai à ce souvenir.

Nous n'étions qu'en milieu de journée, mais il semblait déjà que le jour déclinait. Le faible soleil d'hiver disparaissait derrière les branches dénudées des arbres, et je distinguais entre elles un ciel qui s'assombrissait, augurant la pluie.

Ce n'est qu'à partir des lotissements de maisons neuves toutes identiques, qui annonçaient que nous approchions de la ville, que l'assistante sociale m'adressa enfin la parole. Jusqu'alors, elle avait paru perdue dans ses pensées, ou peut-être se concentrait-elle sur sa route pour ne pas se perdre. Elle m'apprit que je reprendrais mes études au foyer. Un professeur viendrait, me donnerait du travail à faire, et lorsque plus tard je partirais, tout avait été prévu pour que j'intègre un nouvel établissement au printemps.

— Personne ne saura rien de toi là-bas, me dit-elle alors. Tu pourras prendre un nouveau départ et laisser tout ça derrière toi.

Ses mots n'eurent pas l'impact espéré. Comment pouvait-elle suggérer que je laisse ainsi mon bébé derrière moi ?

Les nouveaux lotissements aux jardins carrés firent peu à peu place à de grandes demeures victoriennes mitoyennes, comme nous entrions toujours plus dans la ville. Nous les dépassâmes pour emprunter une rue bordée d'arbres où les maisons de pierre grise étaient encore plus grandes.

Elles avaient été édifiées pour les riches Victoriens et Édouardiens avant les deux guerres mondiales. C'était le genre de demeures où les maîtres d'hôtel, les femmes de chambre, cuisinières et tout le reste du personnel requis pour tenir la maison, travaillaient du matin au soir avant d'aller dormir dans les chambres des greniers. Désormais, à une époque où le petit personnel refusait de se laisser exploiter et où les richesses avaient été éparpillées, la majorité de ces maisons étaient divisées en plusieurs petits logements.

C'est devant l'une d'entre elles que la voiture s'arrêta. La double porte en bois et l'unique sonnette attestaient qu'à la différence de ses voisines, cette demeure avait conservé son statut de résidence unique.

— Nous y voilà ! lança joyeusement l'assistante sociale, comme si nous étions en sortie et que nous débarquions dans un lieu privilégié.

J'observai l'imposant bâtiment gris, avec ses sculptures ornant le dessus des doubles portes à l'entrée ainsi que celui des fenêtres du rez-de-chaussée.

Celles-ci comportaient de lourds rideaux qui occultaient tout signe de vie à l'intérieur. Des massifs d'arbustes, brunis par l'hiver, étaient éparpillés çà et là sur la pelouse qui s'étendait entre ses murs et le trottoir. Accoutumée à un jardin plein de jeux et d'herbes folles, je trouvai cet espace étrangement vide. Un peu plus loin se trouvait un grand verger, et malgré l'absence de feuilles en cette saison, je me mis à imaginer qu'en été les arbres abritaient les landaus des enfants nés au foyer.

Tandis que j'appréhendais ainsi les lieux, on sortit ma valise de la voiture en me demandant de suivre le mouvement. Le son puissant de la sonnette retentit dans l'imposant bâtiment. Quelques secondes plus tard, la porte s'ouvrait.

J'entrai dans un hall immense avec le plafond le plus haut que j'aie jamais vu. Le sol était d'un parquet sombre, et de grands tableaux d'anciennes scènes de campagne ainsi que d'austères portraits victoriens ornaient les murs, semblant nous toiser.

— Je vous amène Marianne, dit l'assistante sociale à une femme qui, avec son uniforme et ses cheveux gris, était parfaitement assortie à la façade de pierre. Partie dans mes rêveries, j'imaginai que si elle s'y adossait, on ne distinguerait d'elle que sa face ronde avec son double menton.

Cette femme, qui m'apprit plus tard qu'elle était l'infirmière-chef, fit un signe de tête à l'assistante sociale et lui dit qu'elle prenait le relais.

Malgré le peu d'intérêt qu'elle me manifestait, mon accompagnatrice constituait le dernier lien avec ma famille. Elle prit rapidement congé et me laissa dans le hall avec ma pauvre valise.

Un nœud d'appréhension se forma dans mon ventre tandis que je dévisageais la femme qui allait s'occuper de moi durant les prochains mois.

31

Tant d'années plus tard, il ne me reste que peu de souvenirs de cet endroit et des filles que j'y ai rencontrées. Seuls un visage et celui de l'infirmière-chef me reviennent clairement en mémoire, mais ce n'est pas le personnel du foyer ou les histoires des autres résidentes qui ont marqué cette période pour moi. C'est avant tout la jeune fille de treize ans que j'étais alors, avec cet amour pour le bébé qui grandissait en moi, la peur des douleurs de l'accouchement et le déchirement que je ressentais à l'idée qu'on allait m'enlever mon bébé, qui dominent dans ma pensée.

J'ai un vague souvenir des trois filles que je rencontrai le premier jour, mais leurs noms ont depuis longtemps sombré dans les abysses de ma mémoire. La première, dont je me rappelle le visage, était grande et mince, excepté son ventre proéminent. Elle devait avoir vingt ans, ce que je considérais alors comme plutôt vieux. Ce sont les mots qu'elle prononça lors de notre première rencontre dont je me souviens le mieux.

— Bon Dieu, tu es quand même un peu jeune pour ça ! Qui est-ce qui t'a engrossée, comme ça ?

Je me remémore encore son air incrédule quand je lui sortis ma réponse toute faite de « je ne sais pas ».

— Bien sûr, bien sûr, poulette, ironisa-t-elle. Je parie que c'est un vieil oncle avec un gros bide, qui t'a dit d'être bien sage. Je serais curieuse de savoir de quoi il t'a menacée. Il t'a dit de ne pas en parler, hein ? Que tout le monde s'en prendrait à toi ?

Tandis que je la regardais, stupéfaite, je vis la méchanceté qui se logeait dans ses yeux bruns lourdement maquillés de mascara et d'eye-liner, et je compris qu'elle me considérait comme quelqu'un sur qui elle pouvait défouler sa frustration. Mais, pire que cela, pensais-je, elle m'avait percée à jour.

— Ou peut-être que tu l'aimais trop pour parler ? continua-t-elle. Je parierais que ce n'était pas un viol.

Elle se mit à rire en lisant sur mon visage qu'elle avait visé juste.

Qu'aurais-je pu lui répondre ? Je ne pensais pas que ce que l'homme d'à côté m'avait fait était du viol, mais, n'étant même pas sûre du sens de ce mot, je préférai ne rien dire.

Un autre rire cruel sortit de sa bouche devant mon silence, qu'elle interpréta comme un aveu. Si je ne savais pas trop quel était cet aveu, je savais en revanche que son rire me jugeait et me défiait.

Les autres filles, témoins de ma détresse et de ma honte, lui intimèrent d'arrêter. Je ne me souviens plus exactement de leurs paroles, mais elles étaient gentilles.

Je me rappelle surtout de la routine du foyer. Chaque matin, nous devions nous lever à sept heures et demie, faire notre lit avant d'aller petit déjeuner dans la salle à manger, puis prendre notre tour de vaisselle.

J'étais exemptée de la préparation des repas et du lessivage des sols, car j'étais la seule en âge d'aller à l'école, et j'avais des cours à suivre. Cinq jours par semaine, je m'asseyais dans la salle commune et essayais de faire les devoirs que le professeur me donnait à chacune de ses visites. Le soir, après avoir rempli mes obligations domestiques, je m'installais à mon bureau avec le livre d'exercices, et tentais de me concentrer sur le travail qu'il m'avait donné.

Je suppose que les autres filles pensaient que cela m'arrangeait bien. En vérité, j'aurais largement préféré travailler avec elles que de rester assise, seule, à potasser des livres scolaires qui ne m'intéressaient guère.

Pendant les week-ends, je devais balayer et passer la serpillière dans les escaliers, et nettoyer les sanitaires – les deux corvées les plus ingrates. J'imagine qu'elles se disaient que comme je me la coulais douce pendant la semaine, je pouvais bien faire ça pour elles.

Les parties communes étaient de la responsabilité de chacune, et si nous y laissions traîner le plus petit objet, la coupable était mise à l'amende d'un penny. N'ayant aucun argent, j'appris vite à ne rien laisser derrière moi. Les filles faisaient elles-mêmes leur lessive et leur repassage, tâches qui ne me déplaisaient pas, car j'appréciais d'avoir des vêtements propres tous les jours.

C'est lors de mon séjour au foyer, avec ses sols reluisants, ses salles de bains impeccables et sa cuisine immaculée, que je me rendis compte à quel point j'abhorrais les sols jamais balayés, les surfaces crasseuses et le linge sale, froissé et usé. Je frissonnai en songeant à la manière dont ma mère tenait sa maison.

Les filles m'apprirent à cuisiner des repas simples, et le soir, elles me montraient comment détricoter de vieux pulls achetés d'occasion pour récupérer la laine et faire des vêtements pour bébé. N'ayant pas le moindre sou pour acheter quoi que ce soit, je me contentais de les aider à rouler la laine en grosses pelotes, et les regardais les transformer en petits habits.

En plus de la salle commune, il existait un salon plus formel meublé de fauteuils avec de grands dossiers de velours noir, un canapé recouvert d'un tissu à motif floral, et plusieurs petites tables. Il n'était utilisé qu'une fois tous les quinze jours, pour les cours de préparation à la maternité, où une infirmière spécialisée venait nous expliquer comment respirer pendant l'accouchement, et comment s'occuper d'un nouveau-né.

Pendant ces cours, mon esprit galopait. Je pensais aux couples qui, comme nous, attendaient la naissance de leur bébé, et combien leur expérience serait différente, puisqu'ils allaient pouvoir le garder. Ils étaient déjà deux, et le bébé viendrait les rejoindre. Ils seraient une famille, baignant dans l'amour.

Les jeunes mères séjournaient à la nursery après la naissance, lieu supervisé par l'infirmière-chef. Elle était au même étage que nos chambres, mais séparée par deux séries de portes. C'est là que les nouvelles mamans s'occupaient des nourrissons, sous l'œil attentif de celle qui les avait aussi mis au monde.

Après quelques jours passés au foyer, je commençai à craindre les douleurs de l'accouchement aussi bien que le fait de dépendre de l'infirmière-chef pour son bon déroulement. Les regards qu'elle nous jetait étaient si froids et si exempts de tout pardon qu'il était clair qu'elle nous considérait uniquement comme des créatures ayant péché, et qu'elle ne ressentait aucune sympathie pour nous.

J'entendais souvent des sanglots, dans ce foyer. Ils étaient parfois brusquement étouffés, comme si un visage s'était retourné pour s'enfouir dans un oreiller. D'autres fois, comme le jour où une jeune mère devait donner son bébé à l'adoption, c'étaient des cris déchirants de séparation et de désespoir. Je voyais ces jeunes filles tristes au visage pâle quitter le foyer, les seins encore remplis d'un lait qui ne serait jamais bu, agrippant leur valise et se dirigeant, les épaules basses et le pas incertain, jusqu'à la porte de sortie puis vers l'arrêt de bus. Je me demandais où elles allaient, toutes ces filles que leur famille ne venait pas chercher, et à qui l'homme dont elles croyaient être aimées n'avait jamais écrit. Je m'imaginais les chambres meublées ou les pensions de famille sordides qui étaient le lot des jeunes filles rejetées par leur famille.

Bien des années plus tard, il ne me reste des filles du foyer que le vague souvenir d'une série de gros ventres. Certaines étaient en colère, d'autres tristes, la plupart abattues. Toutes avaient vécu de tristes histoires. Un petit ami qui les avait abandonnées, une famille qui ne voulait plus d'elles, et même un ou deux cas d'un homme à qui elles avaient fait confiance, et qui avait abusé d'elles. Mais tout comme leurs visages, ces récits, dont j'entendis des quantités, finirent par se mélanger dans ma tête.

En de très rares occasions, il arrivait pourtant parfois que ces histoires se finissent bien. Certaines filles partaient avec leur petit bout emmailloté en étant attendues par leur famille, qui avait réfléchi et décidé de les accueillir tous les deux à la maison.

Plus rare encore, un jeune homme faisait parfois son

apparition pour venir rencontrer sa nouvelle famille. Il avait écrit une lettre pleine de remords, et déclarait vouloir se marier.

Cette fille-là quittait le foyer avec un sourire radieux aux lèvres.

32

J'étais la plus jeune des filles du foyer, et la seule à être encore scolarisée. Le jour de mon arrivée, on me montra ma chambre : étant donné que je devais étudier, on m'en avait attribué une individuelle. Il y avait un lit pour une personne, un casier pour mes effets personnels, un bureau et une chaise en bois afin que je puisse travailler le soir, lorsque la salle commune était remplie. Mon cœur se serra quand je la découvris ; j'allais passer plusieurs mois dans cette pièce nue et sans âme, vide de tout objet personnel et de tout souvenir de mon enfance. La solitude m'assaillit ; je ressentais déjà le manque de ma famille et même de ma chambre, où j'avais été confinée tant de temps ces dernières semaines.

La première nuit, je fus éveillée plusieurs fois par les bruits de la ville : le grondement sourd des trains de banlieue, les voitures qui circulaient sans arrêt, les rires et les cris dans la rue des fêtards du week-end qui rentraient chez eux. À peine commençais-je à m'habituer à ces bruits que la chaudière du chauffage central se mettait en branle pour diffuser son bourdonnement dans la nuit noire. Je ne m'étais jamais trouvée dans une maison ancienne de cette taille auparavant, et elle me donnait l'impression de grogner et de soupirer comme si, elle aussi, se préparait à dormir.

Coincées en haut de deux volées de marches, les chambres du grenier, qui accueillaient autrefois le personnel, avaient été transformées en une petite chapelle. Chaque dimanche, toutes les filles – à l'exception de celles qui venaient d'accoucher – étaient rassemblées pour venir écouter l'office délivré par un pasteur local.

Il y avait un je-ne-sais-quoi dans cet espace, peut-être la simplicité de ses murs couleur crème et de ses austères chaises de bois, qui me réconfortait. Hélas ! les mots du pasteur, qui insistait sur nos péchés et comment nous devions demander pardon, n'en faisaient pas autant.

Après le sermon, l'infirmière-chef nous faisait toujours un petit discours, qui ne variait pas beaucoup d'une semaine à l'autre. Le thème en était toujours le même : nous avions péché, elle espérait que nous avions eu le temps d'y réfléchir, et qu'à notre retour dans le monde extérieur, nous trouverions en nous la force de mener une vie meilleure, plus vertueuse.

Je laissais ses mots et le ton monocorde du pasteur flotter dans l'air au-dessus de moi. Au lieu d'écouter et de faire repentance, je me concentrais sur la beauté du vitrail qui avait été posé lors de la reconversion des lieux en chapelle, pour lui donner un air plus religieux.

J'y distinguais un morceau de ciel, parfois bleu, parfois plus sombre, et c'est à cet endroit que j'adressais mes prières silencieuses.

« Je sais que j'ai été mauvaise, disais-je, mais croyez-moi, s'il vous plaît, je suis désolée. Désolée d'avoir péché. » J'implorais l'aide et le pardon, non pour moi, mais pour mon bébé. « S'il vous plaît, veillez sur elle. »

Avant que j'aie eu le temps de m'en rendre compte, la semaine de Noël arriva, et même les filles les plus tristes semblèrent contaminées par un esprit de fête. On nous annonça qu'il y aurait un vrai repas de Noël avec tout son folklore, mais aussi que nous pourrions occuper le joli salon, et que tous les bébés, qui étaient habituellement tenus à l'écart de la salle commune, pourraient être là avec leurs mères.

La veille de Noël, on apporta deux immenses sapins, donnés par une entreprise voisine. L'un fut installé dans le hall, et l'autre dans le beau salon. On nous donna de grandes boîtes remplies d'accessoires divers en nous indiquant, avec le sourire, que nous pouvions employer notre matinée à les décorer.

Une radio diffusait des chants de Noël, que nous reprenions en chœur. Selon l'avancement de leur grossesse, les filles s'étaient réparti les tâches pour décorer le sapin : les moins grosses montaient sur un empilement de chaises pour attacher des guirlandes colorées autour des branches du haut, tandis que les autres maintenaient fermement la base de l'édifice.

Étant la plus petite, on m'assigna la décoration des branches du bas, et j'étais occupée à accrocher des boules d'argent et d'un rouge brillant lorsque l'infirmière-chef apparut pour me dire que j'avais de la visite.

« L'homme d'à côté est venu me voir », pensai-je immédiatement. Mais en suivant l'infirmière-chef jusqu'au hall, j'eus la surprise d'y trouver ma tante, celle dont j'avais été la demoiselle d'honneur il y a bien longtemps.

— Salut, Marianne, me dit-elle.

Instantanément, je sentis les larmes me monter aux yeux.

J'avais envie de me jeter dans ses bras. J'étais si heureuse de voir quelqu'un de ma famille ! Mais ma timidité et mon état m'en empêchèrent.

On nous introduisit dans un petit salon, et j'attendis que ma tante me dise non seulement pourquoi elle était là, mais aussi comment elle avait su que je m'y trouvais.

— C'est ton père qui m'a dit, commença-t-elle, répondant à la question que je n'avais pas formulée. Marianne, je ne sais pas ce qui t'est arrivé, et je sais qu'il était en colère, mais il m'a demandé de venir te voir.

Avec un cynisme désabusé, je pensai qu'un ventre comme le mien devait laisser peu de doute quant à ce qui m'était arrivé.

Mais j'étais si stupéfaite d'entendre que c'était mon père qui lui avait demandé de venir que les mots me manquèrent. Moi qui croyais qu'il était la personne la moins susceptible de s'inquiéter de mon sort, voilà qu'il avait pris la peine d'en parler à sa sœur.

— Je doute que ce soit arrivé par ta faute, continua-t-elle en regardant mon ventre. Mon frère ne le croit pas non plus, quoi qu'il ait pu te dire. Avant que tu me le demandes, sache que non, il n'en a parlé à personne, rien qu'à moi. Même ta mère ne sait pas que je suis ici.

Elle sortit de son sac un paquet enveloppé de papier doré et le posa sur la table, en face de moi.

— Ne l'ouvre pas avant demain matin, hein ? me dit-elle. Nous ne pouvions pas imaginer que tu n'aurais pas un cadeau à ouvrir le jour de Noël.

Elle m'embrassa, d'un baiser tout léger posé sur ma joue, et disparut dans un nuage de parfum. La chaleur de sa visite m'accompagna toute la soirée et tout le lendemain. J'étais emplie de cette seule pensée : ma famille ne m'avait pas oubliée.

Si j'avais été stupéfaite de voir ma tante dans le hall, le visiteur suivant me fit un choc encore plus grand.

Lorsque l'infirmière-chef m'annonça pour la seconde fois ce même jour que quelqu'un était là pour me voir, mon cœur chavira.

Je me demandai encore si c'était l'homme d'à côté. Mais ce n'était pas lui. C'était Dora.

Elle avait un paquet dans les mains, et arbora un sourire nerveux quand elle me serra brièvement dans ses bras. Je la trouvai différente, moins confiante. Cela ne faisait que quelques mois que je ne l'avais pas vue, mais je la trouvai vieillie. De nouvelles rides marquaient le tour de ses yeux, et ses joues étaient d'une pâleur que le maquillage ne parvenait pas à dissimuler.

— Tu as bonne mine, Mary, me dit-elle en usant de ce diminutif qu'elle aimait employer.

Mais je ne voyais plus en elle la femme qui avait été ma tante de substitution pendant six ans.

Depuis que j'étais au foyer, mes souvenirs de son amitié et de ses fréquents actes de gentillesse avaient glissé derrière une autre image bien plus vive – celle où elle poussait un tuyau en moi, espérant faire partir mon bébé.

Je voulais lui demander ce qu'elle voulait et pourquoi elle s'était déplacée, mais je me contentai de la faire entrer dans le petit salon que j'avais le droit d'utiliser pour la deuxième fois ce jour-là. J'attendais qu'elle me dise pourquoi elle était là.

Mon impassibilité, si l'on peut dire, sembla la mettre mal à l'aise. Elle ne croisait pas mon regard, et ses doigts, peu habitués à se passer d'une cigarette, jouaient nerveusement avec son alliance.

Elle me donna le paquet, qui était enveloppé d'un papier bien moins joli que celui de ma tante, mais plus volumineux. Je reçus la même instruction de ne l'ouvrir que le lendemain, mais je ne savais pas vraiment qui me l'offrait, et ne posai pas la question.

— Ta mère a eu son bébé. C'est encore un garçon, me dit-elle.

Je déglutis à l'idée de ma mère assise au coin du feu, un bébé dans les bras, alors que je croupissais seule ici en attendant d'avoir le mien pour qu'on me le retire.

— C'est pour ça qu'elle n'est pas venue avec moi, continua-t-elle, mais elle m'a chargée de te dire qu'elle viendra te voir quand ton bébé sera né. Ton papa empruntera une voiture pour l'emmener, et elle me laissera son dernier à garder.

« Et l'homme d'à côté ? » pensai-je en remarquant que son nom n'avait pas été prononcé une seule fois, pas même un « nous ».

Je devinai que c'était lui qui prêterait sa voiture, mais ne dis rien. Il était évident qu'il était sorti de ma vie autant qu'il le pouvait, et je ressentis de nouveau les assauts glaçants de la trahison.

« Sait-il au moins que sa femme est venue ? » me demandai-je. La petite voix dans ma tête, celle qui me soufflait toujours la vérité, murmura : « Bien sûr qu'il le sait. Il sait tout, et elle aussi. »

En dépit des efforts de Dora pour essayer de faire la conversation, elle tourna vite au monologue fébrile, car je ne parvenais pas à répondre. J'avais pourtant de nombreuses questions dans la tête. Comment est le nouveau bébé ?

Comment vont mes frères et ma sœur ? Demandent-ils à ma mère où je suis ? Est-ce que je leur manque ? Et une dernière, qui me hantait depuis que c'était elle et non ma mère qui avait demandé où j'avais mis mes serviettes hygiéniques : depuis combien de temps savais-tu ?

Incapable de rassembler mon courage pour poser cette dernière question, j'oubliai aussi toutes les autres. Sentant qu'elle m'avait perdue, elle arrêta de parler et se leva pour partir, l'air soulagé d'avoir accompli son devoir.

— Ce sera chouette de te revoir à la maison, dit-elle, mais je savais que ce n'était pas vrai. Ça ne va plus être très long, maintenant, et pour la première fois, elle regarda mon ventre.

Elle rassembla ses affaires – une écharpe en laine jetée négligemment sur le dossier d'une chaise, une paire de gants en cuir usés, puis son sac à main.

Elle m'embrassa rapidement sur la joue avant de partir, et ses lèvres étaient sèches et froides. Je m'arrêtai au niveau de la porte d'entrée, la regardant s'éloigner jusqu'à ce qu'elle disparaisse de ma vue, puis je refermai lentement le lourd battant.

Je retournai au salon, pris une boule d'argent et l'accrochai délicatement à l'arbre de Noël.

33

Un peu plus tard, après le dîner et la vaisselle, nous nous rendîmes toutes à la chapelle où le pasteur nous parla du pardon et de la naissance de Jésus. À notre grand soulagement, l'infirmière-chef nous épargna son refrain habituel. Je voyais la lune et les étoiles à travers la fenêtre scintillante, et je posai ma main sur mon ventre en pensant à mon bébé.

Cette nuit-là, j'eus du mal à trouver le sommeil. Je pensais à ma famille, et ils me manquaient. Je me demandais ce qu'ils faisaient pour Noël, et si je leur manquais aussi. Le fait qu'ils ne m'aient pas oubliée ramena le sourire sur mon visage.

Mais quand je pensais à mes frères et à ma sœur, j'avais juste envie d'être auprès d'eux. Je me représentais ma mère serrant son nouvel enfant contre elle, et me souvins de la fierté de mon père quand il avait eu son premier fils. En était-il de même avec celui-ci ? Je m'interrogeai, et me dis que oui, probablement.

Lorsque je finis par m'endormir, le bruit des trains s'invita dans mon sommeil. Le son de leurs roues se transformait en cris de rage dans mes rêves agités, ajoutant à ma solitude.

La rumeur du foyer revenant à la vie me réveilla de bonne heure le lendemain matin. « C'est Noël ! » me dis-je en ouvrant les yeux. Je pris les deux paquets. J'ouvris en premier celui de ma tante, et y découvris une bouteille de parfum avec un lait pour le corps et un savon assortis. Je humai l'ensemble avec satisfaction et le mis de côté pour poser le second sur mon lit. C'était une paire de bottes fourrées, en cuir marron. Le plus beau cadeau que j'aie jamais reçu. Pliée à l'intérieur se trouvait une carte portant l'écriture de ma mère : « Pour te tenir chaud aux pieds quand tu rentreras à la maison. » Je compris que ces quelques mots étaient sa façon à elle de me dire qu'elle comprenait un peu ce que je traversais. Je rangeai mes deux cadeaux dans mon casier, m'habillai et descendis rejoindre les autres filles.

Ce dont je me rappelle le plus au cours de cette journée, c'est que toutes les mères étaient rassemblées dans le salon avec leur bébé sur les genoux, et que pour quelques heures, elles faisaient comme si elles constituaient un groupe normal de jeunes filles au sein d'une grande et heureuse famille. Et peut-être l'étions-nous, l'espace d'un jour. On avait oublié les petites rancœurs, et les filles enceintes gloussaient au-dessus des bébés que les jeunes mamans tenaient fièrement dans leurs bras. L'infirmière-chef offrit une petite peluche à chaque enfant. La radio diffusait un office de Noël, et la musique nous réjouit pendant quelques minutes.

Plus tard ce jour-là, nous eûmes droit à notre repas de Noël. C'était délicieux, bien meilleur que tout ce que j'avais pu manger chez moi, et chacune essayait de se montrer enjouée en tirant des *crackers*[1], lisant les blagues et s'affublant de chapeaux colorés. Cependant, une certaine mélancolie semblait planer sur la longue table des filles.

Nous savions que nous étions en train de célébrer la naissance d'un enfant, pensée douloureuse pour la plupart d'entre nous, qui mettait encore plus en lumière ce que nous nous apprêtions toutes à faire : abandonner le nôtre lorsqu'il aurait six semaines.

Après le déjeuner, nous écoutâmes le discours de la Reine à la radio. Vint ensuite une nouvelle faveur : on alluma la télévision du salon, et nous pûmes regarder un film avec Bing Crosby, *Noël blanc*. La journée passa aussi vite que l'éclair, et Noël était terminé.

Les quelques cartes de vœux que les filles avaient reçues et posées sur le bord de la cheminée représentaient toutes des arbres et des buissons recouverts d'une épaisse neige scintillante. En les regardant, je me demandais de quel pays l'artiste s'était inspiré, car chez nous, une pluie battante et des vents furieux remplaçaient ces paysages à la blancheur immaculée – temps qui forçait les moins intrépides d'entre nous à rester cloîtrées à l'intérieur.

Mais j'étais une fille de la campagne, habituée à me rendre à l'école à pied par tous les temps. L'air frais fouettant mon visage me manquait, ainsi que le calme de la campagne que seul le passage d'une voiture venait rompre de temps à autre. Après avoir passé des mois sans pouvoir quitter la maison de mes parents, je me

1. Pétards de Noël en forme de papillote que deux personnes font exploser en tirant dessus, et qui révèle alors un petit cadeau, une plaisanterie et un chapeau. *(N.d.T.)*

sentais de nouveau emprisonnée, mais cette fois à cause du temps.

« Puis-je sortir marcher un peu ? » demandai-je tout de même à l'infirmière-chef. Je m'entendis répondre que la pluie avait rendu les pelouses glissantes, ce qui était trop dangereux pour une fille portant un bébé quasiment à terme.

Chaque matin, j'espérais que le vent avait balayé les nuages et qu'un beau soleil d'hiver allait darder ses rayons sur les jardins. Mais ces espoirs s'évanouissaient dès que je voyais le ciel plombé et que j'entendais le battement de la pluie contre les vitres.

La dernière semaine, alors que mon bébé se préparait à faire son entrée dans le monde et s'était positionné plus bas dans mon ventre, je me sentis lourde, maladroite, et profondément fatiguée.

J'avais mal aux seins, mal au dos, et je sentais mon corps se balancer de droite à gauche lorsque je marchais, dans un effort instinctif pour contrebalancer un poids et une forme inaccoutumés.

Malgré tout, j'attendais ce bébé avec tant d'impatience que je faisais peu de cas de cet inconfort. Depuis la première fois où je l'avais senti bouger, il était devenu réel pour moi, et durant ces derniers jours d'attente, mon unique pensée était que j'allais enfin faire sa rencontre. Quand je voyais mon encombrante silhouette dans le miroir, une partie de moi l'aimait et s'en attendrissait, car c'était la bonne croissance de mon bébé qui poussait ainsi mon ventre en avant.

Cependant, il ne semblait pas pressé d'arriver. J'avais dépassé la date prévue pour le terme. C'est alors que je ressentis l'envie de retrouver mon corps, en même temps qu'une peur accrue de l'accouchement.

J'avais entendu les cris de ma mère pendant la naissance, et les chuchotements furtifs des femmes qui évoquaient des douleurs intolérables. Je m'étais toujours demandé pourquoi cette douleur semblait être oubliée quand elles se retrouvaient ensuite en mal d'un autre enfant.

À mon grand étonnement, je pris conscience que ma mère me manquait au point d'en avoir mal. Par ailleurs, je tentais vainement de repousser toute pensée de l'homme d'à côté. Pas une carte de Noël, une lettre, ou quoi que ce soit pour me témoigner son soutien ne m'était parvenu de sa part. Je savais qu'il était la cause de l'éloignement d'avec ma famille, et je commençai à ressentir de la haine envers lui pour cette raison.

C'est un matin que ma fille arriva. Comme ma mère treize ans auparavant, je m'étais réveillée dans un lit trempé, clouée par la douleur.

À la différence de ma mère, je n'avais par contre aucun corps chaud à bousculer près de moi pour donner l'alerte – juste une cloche à sonner au-dessus de mon lit. Pas non plus de sage-femme rassurante pour me dire qu'elle s'occupait de tout, mais une sinistre infirmière-chef qui me jeta un seul coup d'œil avant de me faire emmener dans la salle de travail.

Je souffris énormément, et criai à m'en déchirer la gorge tandis que mes muscles se contractaient pour aider mon bébé à venir au monde. Je ne me souviens que confusément du moment où il sortit enfin. Je l'entendis pleurer, puis ce fut le noir et je m'endormis.

L'après-midi touchait à sa fin lorsque je m'éveillai. Une infirmière était assise près de mon lit. Elle m'expliqua qu'en raison de mon âge, j'avais perdu beaucoup de sang, et qu'il avait fallu me recoudre. Puis elle m'informa de ce que je savais déjà : j'avais eu une petite fille.

« Je voudrais la voir, s'il vous plaît », demandai-je. On m'amena le petit paquet de trois kilos. Je tendis les bras pour la prendre et la serrai contre moi. Même à ce jour, je ne peux trouver les mots pour décrire l'amour inconditionnel qui m'envahit lorsque je la regardai pour la première fois en m'imprégnant de son odeur, de ce parfum de neuf.

Il avait suffi d'un seul regard à cette petite tête, encore rouge et marquée par son périple, à ces membres arrondis, à ce duvet de cheveux d'un blond foncé, et à toute sa vulnérabilité, pour que je veuille la protéger à tout jamais. Je détaillai les traits de son visage et n'y vis rien de l'homme d'à côté. Ils étaient les miens, version miniature.

L'infirmière-chef arriva et me dit que j'étais très faible.

— Tu dois te reposer. Ça a été dur pour toi, Marianne.

Je n'avais guère la force de protester. Je sentis qu'on enlevait le bébé de mes bras, mes yeux se voilèrent, et mon souvenir suivant date du lendemain matin.

L'infirmière m'aida à sortir du lit et m'accompagna à la nursery où elle me montra comment lui donner le biberon et changer ses couches – choses que je savais faire depuis bien longtemps déjà.

Ce premier matin, comme j'étais assise avec ma fille lovée au creux de mes bras, je me sentais dans un monde à part, où il n'existait qu'elle et moi.

Je lui chantonnai une berceuse à l'oreille en la contemplant, rêveuse. Sa tête reposait contre ma poitrine, et je m'émerveillais de la force avec laquelle elle tirait sur la tétine du biberon.

Une fois sa ration engloutie, je la plaçai délicatement contre mon épaule, pour inhaler ce parfum enivrant des nouveau-nés, mélange de talc, de lait et de peau fraîche – en lui tapotant le dos. Son petit poing posé sur mon épaule, je l'entendis faire son rot, un filet de lait mouilla mon vêtement, puis une douce respiration vint chanter à mon oreille : mon bébé s'était endormi.

Je l'embrassai encore et la mis dans son petit lit avant de la recouvrir d'une couverture faite au crochet. Je restai ensuite à ses côtés, heureuse de la regarder dormir, jusqu'à ce que l'infirmière arrive et me prenne par le bras pour me remettre au lit.

Ma mère arriva et vint s'asseoir près de moi.

— Tu vas bien, Marianne ? me demanda-t-elle.

Question stupide, pensai-je. Comment pouvais-je aller bien quand on allait me retirer mon bébé dans six semaines ?

Une rancœur féroce à son encontre m'envahit : pourquoi ne pouvait-elle pas accueillir mon bébé à la maison ? Mon père l'avait bien fait quand Jack était arrivé, non ? Ces pensées tournaient en boucle dans ma tête, m'empêchant de lui parler.

Elle le sentit, et se leva pour partir.

— Je sais ce que tu penses, me dit-elle. Mais crois-moi, c'est mieux ainsi. Tu as toute la vie devant toi. Un jour tu te marieras et tu auras d'autres enfants, mais pour le moment, tu es vraiment trop jeune.

Mes yeux s'arrêtèrent sur ses seins, gonflés de lait pour mon dernier petit frère, et ma colère augmenta encore. Je détournai la tête pour cacher mes larmes. Sans un mot de plus, elle s'en alla.

34

Les jours que je passai à reprendre des forces dans la salle de convalescence me permirent d'apprécier chaque instant passé avec mon bébé. J'adorais le sentiment protecteur que je ressentais lorsque je la nourrissais, la baignais et la prenais dans mes bras. Je l'appelai Sonia, le prénom que je lui avais choisi la première fois où je l'avais sentie bouger en moi, déjà convaincue que c'était une fille. J'aurais juste aimé pouvoir effectuer tous ces gestes seule avec elle, et non sous l'œil permanent d'une infirmière ou de sa supérieure. Si la naissance était survenue en été, me disais-je, peut-être aurais-je pu sortir la promener en landau, pour l'emmener jusqu'au grand verger derrière le foyer. Je m'y serais assise sous un arbre, abritée par ses feuilles, pour la dévorer des yeux.

Mais il faisait trop froid en cet hiver pour mettre le nez d'un nourrisson dehors, et je dus me contenter de rester avec elle entre les murs de la nursery.

C'était un bébé d'une si bonne nature : dès ses premiers jours, elle dormait d'un air comblé et ne pleurait pratiquement jamais. Cela me rassurait, car dans le cas contraire, je pensais que ses nouveaux parents auraient peut-être eu plus de mal à l'aimer. Puis, j'adoptais mon réflexe habituel quand les mots « nouveaux parents » surgissaient : je les repoussais vivement.

Une fois que j'eus repris toutes mes forces, je pus réintégrer ma chambre, et le lit de Sonia fut installé auprès du mien.

— Marianne, fais bien attention à ce qu'elle dorme suffisamment, me dit l'infirmière-chef, non sans sympathie. Je sais comment vous êtes, vous autres, à vouloir prendre vos bébés dans votre lit. Mais ça ne fera que rendre les choses plus dures quand le moment sera venu.

Je n'avais pas besoin qu'on me rappelle de quel moment il s'agissait.

Voyant que je ne voulais pas comprendre le message, elle s'assit au bout de mon lit, ce qui ne lui était pas coutumier.

— Écoute, Marianne, je vois bien que tu t'attaches à elle, et ne crois pas que je ne le comprenne pas. C'est tout naturel. Mais tu sais bien qu'elle ne rentrera pas à la maison avec toi... alors ne te rends pas les choses plus difficiles encore. C'est le meilleur conseil que j'aie à te donner.

Elle se leva alors, poussa un soupir et me laissa seule avec le bébé.

Bien entendu, je ne tins pas compte des recommandations de l'infirmière-chef et, à la moindre occasion, je câlinais Sonia, l'allongeais près de moi sur le lit et écoutais sa respiration. Je lui chuchotais des mots tendres et lui chantais de petites chansons pour lui dire combien je l'aimais.

Nos journées ensemble devinrent rapidement des semaines, et je réalisai soudain que le moment de la séparation, que j'occultais de toutes mes forces, n'était plus qu'à quelques jours.

Une question de l'infirmière-chef me propulsa brutalement dans la réalité :

— Marianne, as-tu prévu une tenue particulière pour ton bébé le jour où elle rencontrera ses nouveaux parents ?

Je la regardai, l'air désemparé. Je n'avais pas un penny sur moi. Comment aurais-je pu acheter le moindre vêtement de bébé ?

— Ne t'inquiète pas, dit-elle en voyant mon visage décomposé, nous allons lui trouver quelque chose de mignon. De toute façon, ils vont l'adorer, c'est une si bonne nature.

Durant ces jours, mes derniers avec elle, je ne fis que prier pour que mes parents fléchissent et me laissent l'emmener à la maison. Elle était si belle et si gentille que j'étais sûre qu'elle ne gênerait personne. Et puis, quelle différence cela ferait-il d'avoir un bébé de plus à la maison ? Mais rien de tel ne se produisit. La grand-mère ne se présenta pas à la dernière minute pour dire qu'elle avait changé d'avis et qu'elle voulait intégrer sa petite-fille à la famille. Le pire jour de ma vie approchait.

Ce matin-là, en la baignant puis en la séchant, je caressai la moindre parcelle de ce petit corps parfait. Je voulais graver la texture de sa peau dans ma mémoire. Je la dévorai des yeux pour que son image s'imprime dans ma tête, car je n'avais même pas une photo d'elle à ramener du foyer. Après son dernier repas, l'infirmière-chef vint me donner la tenue que je devais lui mettre. C'était une barboteuse bleue.

« Vous n'en avez pas plutôt une rose ? » demandai-je, consternée. Je ne supportais pas l'idée de confier ma fille habillée comme un garçon. Il me semblait que la moindre des choses était de la préparer impeccablement. Je voulais qu'« ils » voient que j'avais pris soin d'elle – et donc que je l'avais aimée – afin de pouvoir le lui dire plus tard.

— C'est la seule qu'il nous reste, répondit l'infirmière-chef. Je suis désolée, Marianne, mais elle devra la porter.

Je vis qu'elle comprenait mon désarroi.

— Tu sais, ça importera peu à ses nouveaux parents, Marianne. Je te l'ai dit, ils vont tout de suite l'aimer.

Mais cela m'importait, à moi.

J'essayai de ne pas pleurer. Je ne voulais pas que le dernier souvenir que ma fille emporte de moi soit celui des larmes. Ma peine de la perdre se figea un moment ; je m'en débrouillerais plus tard, quand j'en serais capable. Pourtant, mon chagrin à l'idée que mon enfant commence sa nouvelle vie dans cette barboteuse bleue m'était insupportable.

L'assistante sociale fit son arrivée en fin de matinée. C'était elle qui devait donner ma fille à ses nouveaux parents. Je ne me souviens plus de ce qu'elle dit quand elle me la prit des bras. Je me rappelle seulement de mon état second tandis que, de la fenêtre, je la regardais l'emmener et l'installer dans sa voiture.

Tel fut mon ultime souvenir de mon bébé : un petit paquet enveloppé d'habits de garçon.

Comme elles s'éloignaient, je m'imaginais sa peur à être soudain enlevée de son univers familier, à se retrouver dans cette voiture au milieu d'odeurs étranges et de mouvements inhabituels.

Se demanderait-elle où j'étais ? Aurait-elle envie des caresses de mes mains, de ma voix lui susurrant que je l'aimais ? Allait-elle pleurer ? Est-ce avec un visage plein de larmes qu'elle rencontrerait ses nouveaux parents ? Toutes ces questions m'assaillaient en rafale.

Mais celle qui allait le plus me tourmenter était la suivante : combien de temps lui faudrait-il pour m'oublier ?

35

C'est au volant de la voiture de l'homme d'à côté que mon père vint me chercher, l'après-midi même. Le trajet, et notre conversation – si conversation il y eut – demeurent totalement flous dans ma mémoire.

Je dus dire au revoir à quelqu'un et remercier l'infirmière-chef, mais je n'en ai aucun souvenir, pas plus que des jours que je passai à la maison avant de reprendre l'école.

J'étais écrasée par le chagrin et me sentais comme dans un rêve, un rêve où je ne ressentais rien d'autre que la perte, et où je ne voyais rien d'autre que le visage de mon bébé.

Ma mère avait dû m'emmener en ville pour acheter mon uniforme scolaire, car le jour où je repris les cours, il était suspendu à l'arrière de ma porte de chambre, prêt à être enfilé.

Une jupe grise, un chemisier gaufré blanc et un blazer bleu marine étaient accrochés au portemanteau, et une paire de chaussures noires avec des chaussettes pliées à l'intérieur était posée par terre. Cette fois, mes parents semblaient décidés à ce que j'aie l'air comme tout le monde.

Étonnamment, mon père me conduisit à l'école pour

ce premier jour. « Il faut y être de bonne heure, expliqua-t-il, la directrice veut te voir avant le début des cours. »

J'eus une montée d'angoisse. Que savait-elle de moi ? Était-elle au courant que j'avais été expulsée de mon ancienne école neuf mois plus tôt ? Ou pire, lui avait-on dit pourquoi ? J'avais envie de poser la question à mon père, mais les mots « enceinte », « bébé », « adoption », et « Marianne » n'avaient jamais été rassemblés dans une même phrase par aucun de mes parents. C'était comme si rien de tout cela ne s'était produit.

Le chemin me parut trop court. Sans un mot d'encouragement, mon père s'arrêta devant les grilles de l'établissement et attendit que je descende. Les jambes tremblantes d'anxiété, je sortis de la voiture.

Cette école était plus grande que la précédente. Je distinguai des courts de tennis et des espaces verts, mais rien ne parvenait à me faire oublier la boule d'appréhension qui nichait dans mon estomac.

Je jetai mon cartable sur mes épaules et avançai à contrecœur au sein des bâtiments, y cherchant le bureau de la directrice.

À mon grand soulagement, je fus accueillie non par une personne sévère et autoritaire, comme je l'avais imaginé, mais par une femme souriante et rondelette qui me souhaita la bienvenue en m'introduisant dans son bureau. Elle fut claire sur le fait qu'elle avait eu connaissance de ma grossesse, mais qu'elle n'allait pas me juger.

— Bonjour, Marianne, entre et assieds-toi, je t'en prie, furent ses premiers mots.

Elle ajouta immédiatement :

— Je sais que tu viens de traverser de terribles épreuves, mais j'espère que tu seras heureuse ici.

Cette gentillesse inattendue fit monter à mes yeux les larmes que je retenais depuis mon retour à la maison, mais elle ignora avec diplomatie la manifestation de mon état émotionnel.

— Il est temps désormais de regarder vers l'avenir, Marianne, me dit-elle avant de me demander si j'avais réfléchi à ce que je voudrais faire après mes quinze ans, âge limite de la scolarité obligatoire. Je vis que le dossier de mon ancienne école était posé en évidence sur son bureau, celui qui contenait mes notes et tous les commentaires relatifs à mon renvoi.

Je n'avais jamais rêvé d'un métier en particulier, mais soudain, et pour la première fois, je sus ce que je voulais faire : une formation d'infirmière puéricultrice.

Je lui fis part de mon ambition, et attendis qu'elle me dise ce que je savais déjà – que mes résultats n'étaient pas suffisants, et que j'avais déjà perdu trop de temps à l'école. Mais non. Elle m'écouta sans m'interrompre et m'adressa un sourire d'encouragement.

Elle m'indiqua que je devais effectivement améliorer mes résultats, mais que si je travaillais bien, il n'y avait aucune raison pour que cela ne marche pas.

Elle m'expliqua ensuite que je pourrais intégrer un hôpital-école, où je pourrais vivre au foyer des infirmières et commencer une formation d'aide-soignante.

À partir de là, avec beaucoup de travail et de pratique, je pourrais ensuite passer à l'échelon d'infirmière. Si les diplômes académiques permettaient de se qualifier plus rapidement, m'exposa-t-elle, il existait néanmoins une autre voie d'accès pour les filles avec mon profil.

Durant mes premières semaines dans cette école, j'avais peur que quelqu'un d'autre que la directrice soit au courant de mon passé. Je craignais que l'on me demande dans quelle école j'étais avant et pourquoi je l'avais quittée, mais fort heureusement, personne ne se montra curieux envers moi.

Petit à petit, je commençai à me détendre. L'uniforme classique, qui m'aidait à me fondre parmi les élèves, me donnait une nouvelle confiance en moi. Ayant pour la première fois un objectif à atteindre, je me mis à travailler plus dur. J'engageai des discussions avec quelques filles au sujet de leurs ambitions. Certaines voulaient aller à l'université, mais la plupart avaient surtout hâte de l'indépendance que leur fournirait un salaire.

Elles ne souhaitaient pas étudier, mais pouvoir s'acheter du maquillage et des vêtements, se trouver un petit ami et rester à la maison jusqu'à ce qu'ils se marient.

Moi, au contraire, j'aspirais à quitter mes parents le plus tôt possible et à faire quelque chose d'intéressant de ma vie. J'étais motivée par l'idée de ces années de formation pour devenir infirmière, et de me lancer dans la vie active. Mon bébé me manquait encore, mais cela devenait une douleur sourde que je m'efforçais de refouler dans les tréfonds de mon cerveau, et à laquelle j'évitais de me confronter.

Une autre fille désirait, comme moi, devenir infirmière. « On rencontrera peut-être un beau docteur », me dit-elle en souriant. « Ce serait l'idéal, mais les infirmières peuvent aussi épouser des pompiers ou des policiers, c'est ce que dit ma mère. » Je me surpris à lui sourire aussi, non parce que je partageais son rêve, mais parce que, pour la première fois, j'avais l'impression d'être en train de me faire une amie.

Elle me dit qu'elle s'appelait Susan, et qu'elle avait une petite sœur, mais qu'elle avait toujours rêvé d'avoir un frère. Elle me trouva chanceuse d'avoir trois frères et une sœur. Chanceuse ? Je n'y avais jamais songé auparavant. Jamais un moment de paix, du bruit et du bazar en permanence, des tâches et des dérangements perpétuels, voilà ce que signifiait pour moi le fait d'avoir des frères et une sœur.

Susan, avec ses longs cheveux blonds et sa taille élancée, ressemblait exactement à ce que j'aurais voulu être. Les garçons la suivaient du regard où qu'elle aille, mais elle touchait alors négligemment ses cheveux sans leur témoigner grand intérêt. Prétendant qu'elle ne les voyait pas devenir docteurs, elle les écartait tout bonnement de sa vie. Beaucoup d'autres filles auraient aimé l'avoir pour amie, mais c'est moi qu'elle avait élue. Nous commençâmes à nous asseoir côte à côte en classe, aux réunions d'établissement, à rester ensemble dans la cour de récréation et à prendre nos déjeuners à la même table.

Elle m'accompagnait même jusqu'à mon arrêt de bus avant de continuer son trajet à pied jusqu'à son domicile. Au bout de quelques semaines, elle m'invita à venir manger chez elle.

— Viens demain, me proposa-t-elle. J'ai dit à ma mère que j'étais devenue copine avec une fille de ma classe, et elle m'a dit que je pouvais t'inviter.

« Ma première invitation ! » songeai-je, le cœur soudain plus léger.

— Est-ce que tu aimes ce nouveau groupe, les Beatles ? me demanda-t-elle.

Désireuse de m'intégrer, je hochai la tête avec enthousiasme, même si je n'avais jamais entendu parler d'eux ni de leur musique.

— Super. Je viens d'acheter leur single *Please, Please Me.* On pourra l'écouter dans ma chambre après le repas.

« Je ne serai pas là pour dîner, ce soir », dis-je à ma mère avec désinvolture le lendemain matin. Elle me regarda, l'air interrogateur.

— C'est Susan, tu sais, la fille dont je t'ai parlé. Elle m'invite chez elle.

— D'accord, répondit ma mère, mais ne rentre pas trop tard. Sept heures et demie au plus tard, il y aura encore tes devoirs à faire. Ne rate pas le dernier bus.

Une petite bulle d'excitation grandit en moi ce jour-là. Je m'étais enfin fait une amie de mon âge. Lorsque la sonnerie retentit, annonçant la fin des cours, j'attrapai mon sac et suivis Susan hors de la classe.

Sa maison, une semi-mitoyenne avec des bow-windows et une grande porte d'entrée en bois, était accessible à pied depuis l'école. Vingt minutes plus tard, elle me présentait à sa mère comme Marianne, la nouvelle de la classe. C'est lorsque nous prîmes place à table que je me rendis compte que quelque chose n'allait pas.

La mère de Susan me demanda ce que faisait mon père dans la vie. Ma réponse comme quoi il travaillait dans une ferme ne sembla pas l'enchanter, même si elle garda d'abord le sourire. Sourire qui disparut lorsque je répondis à sa deuxième question.

— Où habites-tu, Marianne ? questionna-t-elle.

Inquiète, je lui indiquai le nom de la rue, en espérant

qu'elle n'y connaisse personne. Hélas ! ce ne fut pas le cas.

— Et quel est ton nom de famille ? demanda-t-elle lentement.

Le cœur serré, je le lui dis.

L'assiette de nourriture qu'elle s'apprêtait à me passer atterrit lourdement sur la table.

— Susan, dit-elle à sa fille, viens immédiatement dans la cuisine avec moi.

L'air ébahi, ma nouvelle amie s'exécuta.

Sa petite sœur me regardait avec de grands yeux. Elle avait senti l'atmosphère changer dans la pièce, et savait que cela était dû à quelque chose que j'avais fait ou dit. Je restai assise sur ma chaise, avec l'envie de déguerpir.

À travers la porte, je perçus les mots « traînée », « pas de ça chez moi », et « je ne veux pas que tu fréquentes ce genre de personne ». Je repoussai mon assiette, ramassai mon cartable, et me dirigeai jusqu'à la porte sans faire de bruit pour m'enfuir.

Susan me courut après et marcha avec moi jusqu'à l'arrêt de bus. Elle tenta de s'excuser pour la scène faite par sa mère et me dit qu'elle était toujours mon amie.

« Tu ne le seras plus demain », pensai-je. Et j'avais raison.

Il s'avéra que la mère de Susan connaissait Dora, qui lui avait livré une version déformée des faits : elle s'était toujours montrée bonne avec moi, et comment l'avais-je remerciée ?

En couchant avec son mari, en tombant enceinte de lui et en faisant adopter l'enfant.

Lorsque la mère de Susan lui raconta la version de Dora, elle n'eut plus besoin de lui interdire de me voir. Susan le fit de son plein gré. Non contente de me laisser perdre son amitié, elle alla raconter à toute la classe pourquoi elle ne voulait plus me parler.

Elle changea de place en cours, me laissant seule. J'essayai de lui parler dans la cour, mais je ne reçus qu'un regard plein de mépris et de pitié.

— Ma mère dit que tu es une petite salope de bas étages, m'envoya-t-elle, suffisamment fort pour que les autres puissent entendre, et que je ne dois pas te fréquenter.

Elle s'éloigna alors, bras dessus bras dessous avec une flagorneuse aux cheveux crêpés. Sa nouvelle meilleure amie me jeta un regard triomphant et je les entendis éclater de rire. La honte me dévorait le visage, car je savais que j'étais l'objet de leurs moqueries. J'aurais voulu que le sol s'ouvre devant moi pour m'avaler.

Toute la semaine, les filles se rassemblèrent en petits groupes pour papoter sur le scandale, tandis que les garçons me lançaient des réflexions scabreuses.

— Hé ! Marianne, m'interpella un adolescent plus intrépide que les autres, ça fait quoi d'avoir un bébé qui gigote dans le ventre ?

— Il y a autre chose qui a dû te gigoter dedans avant, remarque ! renchérit un autre, et le groupe s'écroula de rire.

Il leur fallut environ six mois pour se lasser de me harceler. Six mois durant lesquels je gardai la tête haute en essayant d'ignorer les sous-entendus méchants comme les attaques directes. Six mois à pleurer chaque soir dans mon oreiller.

J'avais espéré pouvoir m'intégrer. Mais une fois de plus, j'étais seule.

36

L'effondrement de ma nouvelle vie heureuse à l'école coïncida avec la fin de la trêve avec mon père. Après avoir goûté à la routine rigoureuse du foyer, j'étais devenue ce que mes parents considéraient comme obsessionnellement ordonnée. Lors des week-ends, les surfaces crasseuses, les piles de vaisselle sale et la bassine pleine de couches de bébé souillées me dégoûtaient, et je décidai de passer à l'action.

Un samedi, dès que ma mère fut sortie faire les courses avec le bébé, et comme mon père était parti travailler, j'expédiai les enfants jouer dehors et relevai mes manches, commençant à tout ranger et tout astiquer.

J'appréciais de rendre la maison aussi agréable que possible, mais le fait de m'activer de la sorte me permettait aussi de ne plus ressasser la pensée de Susan et des regards de mépris qu'elle me jetait dès que nous nous croisions.

Je pris d'abord les changes pour bébé et les fis bouillir dans la grande marmite, puis je m'attaquai à la vaisselle, retirai toute trace de gras des plans de travail, pour finir à quatre pattes à nettoyer le sol. Quand ma mère fut de retour, la cuisine était étincelante. Mais cela ne durait jamais bien longtemps. Dès le week-end suivant, il y avait des miettes partout, de la sauce collée sur la table et dans le four, et la pile de couches sales était de retour dans le bac. Et chaque samedi, je recommençais tout.

En faisant le ménage, je laissais mon esprit vagabonder sur la vie que j'aurai quand je ne serai plus à l'école. Je rêvais de quitter la maison, de faire la formation d'infirmière et de revêtir ce bel uniforme amidonné bleu et blanc.

Vider les bassins hygiéniques et frotter les sols ne faisaient pas partie de mon rêve. Je me représentais plutôt de petites têtes qui me regardaient affectueusement, et des parents reconnaissants qui me remerciaient d'avoir pris si bien soin de leur enfant.

Comme ma vie serait alors différente ! me disais-je en lavant et en astiquant. À l'école d'infirmières, j'aurais une chambre pour moi toute seule, et non plus une petite pièce à partager avec une sœur qui éparpillait ses jouets partout. Mon lit serait recouvert de draps bien propres et de couvertures en laine, et non de ces vieux vêtements pour nous tenir chaud.

Mes habits seraient bien rangés, mes sous-vêtements neufs et propres, et surtout, aucune petite main ne viendrait tripoter mes affaires de toilette.

C'est ce genre de pensées qui me donnait de l'espoir, et c'est l'espoir qui me poussait à étudier. Le soir, j'étalais mes livres d'école sur la table de la cuisine, travaillant dur pour rattraper mon retard. Cela ne manquait pas de faire ricaner mon père, mais moins que ma façon de faire le ménage.

J'avais cru que mes parents seraient heureux de mes efforts dans les tâches domestiques, mais il n'en fut rien. Au contraire, ils avaient l'air de le prendre mal, comme si je critiquais leur manière de vivre chaque fois que je m'emparais d'une brosse ou d'une serpillière.

— Tu te crois trop bien pour nous, maintenant, grogna mon père en me voyant repasser mon uniforme scolaire. Tu es devenue une petite dame bien propre.

Je lui jetai un regard et ignorai ses paroles, mais n'en pensai pas moins.

« Ça vous plaît peut-être de vivre comme des porcs, mais pas à moi », avais-je envie de rétorquer, mais le bon sens m'empêcha de le dire tout haut. Peut-être mon expression me trahit-elle néanmoins, car il intensifia ses critiques.

— J'ai vu que tu avais récuré les toilettes, dit-il, l'air moqueur.

En se rendant aux sanitaires, dehors, il les avait en effet trouvés non seulement récurés, mais sentant le désinfectant.

— Bientôt c'est nous tous que tu vas te mettre à frotter.

— Ne fais pas attention, Marianne, me dit ma mère d'un air las après que mon père se fût bien défoulé sur moi.

Mais je pris note du fait qu'elle ne me remercia pas non plus.

Il ne fallut que quelques semaines pour que mon père me montre encore plus clairement ce qu'il pensait de mes efforts pour rendre la maison plus nette.

Je me trouvais à quatre pattes, occupée à laver le sol, quand il rentra du travail plus tôt que d'habitude.

Voulant se rendre à la cour, il traversa la pièce avec ses bottes pleines de boue, laissant une traînée de terre derrière lui.

C'en était trop pour moi. Je me redressai et le dévisageai.

— S'il te plaît, papa, j'ai passé une heure à lessiver ce sol. Pourrais-tu au moins retirer tes bottes ?

Il devint rouge de colère. J'avais oublié comme il pouvait s'emporter en un clin d'œil.

— Non mais, pour qui tu te prends ? Tu crois que tu peux me donner des ordres, maintenant ?

Je reculai devant son visage en furie et son bras levé, mais pas assez vite. Le coup tomba sur mon épaule avec une telle force que je perdis l'équilibre et glissai avant de tomber sur le sol encore mouillé. Simultanément, il donna un coup de pied dans le seau, répandant des vagues d'eau sale dans toute la cuisine.

— Voilà, tu peux recommencer ! hurla-t-il. Puisque apparemment c'est ce que tu aimes le plus faire.

Remplie de haine, reniflant sous l'effet du choc et de la douleur, je me remis à quatre pattes pour essuyer les dégâts. Une fois que j'eus terminé, je montai dans ma chambre. « Pour une fois, les enfants se débrouilleront tout seuls », pensai-je en m'allongeant sur mon lit. Je me réfugiai alors dans mes rêves de quitter la maison, de fuir une famille où je ne trouvais plus ma place, et de ne plus avoir à endurer ces railleries cruelles à l'école. J'avais envie d'aller dans un endroit où personne ne me connaîtrait, ni moi ni mes parents, et où personne ne saurait rien de mon bébé.

37

Ces souvenirs me revinrent alors que j'étais assise devant ma petite pile de photos et l'enveloppe, et je ressentis le besoin, pourtant vain, de prendre le téléphone pour parler à ma mère.

Je voulais des réponses à ces mêmes questions que celles que ma fille devait se poser.

M'as-tu jamais aimée, maman ? Me désirais-tu quand tu étais enceinte de moi ? Ou bien n'étais-je que la raison pour laquelle tu t'es mariée ? Il existait une question dont la réponse m'importait plus que toutes les autres : même si tu n'avais rien ressenti en me prenant pour la première fois dans tes bras, as-tu développé de l'affection pour ta fille aînée avec le temps ? Je sais que tu as aimé mes frères et ma sœur, mais moi, m'as-tu jamais aimée ?

Ces interrogations, qui s'étaient si longtemps déchaînées dans ma tête sans que je trouve le courage de les verbaliser, me revenaient de plein fouet.

Mais j'avais laissé passer trop de temps, et ma mère n'avait plus la capacité de se remémorer mon enfance depuis quelques années déjà. Je me représentai sa silhouette voûtée et son regard vide quand elle me regardait, l'air hébété, enfermée dans son monde.

Je n'étais même plus une trace dans la mémoire de ma mère. La démence avait cruellement subtilisé ses souvenirs, dont bien peu étaient heureux. À une exception près : celui de son mari.

« Ah ! il était beau ! », soupirait-elle tandis que son regard se perdait dans le lointain. « Ah ! ça oui, on peut dire qu'il était beau ! » Ce sentiment expliquait pourquoi elle était restée auprès de lui toutes ces années. Je lui souriais alors, déposais une couverture sur ses genoux usés, lui touchais doucement l'épaule et coiffais ses cheveux épars ou lui caressais le visage – tout ce que je pouvais faire pour lui prouver que les restes de mon amour d'enfant étaient toujours vivants.

Quand j'étais devenue adulte et que je m'étais moi-même mariée, j'avais pardonné à ma mère son manque de soin envers moi. Avec la compréhension qu'entraîne la maturité, par opposition aux sentiments d'une enfant blessée, en colère, négligée, j'avais compris qu'il y avait de la tristesse non seulement dans mon existence, mais aussi dans la sienne.

Presque toute la réserve d'amour de ma mère avait été dévolue à mon père. Une petite partie avait été partagée entre les enfants qu'elle avait désirés, mais il n'en restait que très peu pour moi et encore moins pour elle-même.

Mes pensées dérivèrent pour s'attarder sur mon père. Abîmé par l'âge et par l'alcool, il s'était éteint plusieurs années avant que la démence de ma mère n'entraîne son placement en institut spécialisé. Je me rappelai ses colères, sa violence, et les rares moments où il avait laissé entrevoir l'être plus aimable qui vivait aussi en lui.

Non, il était évidemment trop tard pour mes questions. Mais pas pour celles de ma fille, et il allait falloir que j'y réponde.

Je fis un rapide retour sur mon passé et me demandai s'il y avait quoi que ce soit que j'aurais pu faire différemment. Si j'avais su ce que je sais maintenant, il est probable que oui, mais ce n'était pas le cas. Et si j'avais fait autrement, dis-je en m'adressant à la lettre, tu ne m'aurais pas écrit car tu ne serais pas née.

Je repensai au mensonge que j'avais dit à l'assistante sociale et à l'infirmière-chef. Ce mensonge qui, lors de mes treize ans, avait déterminé le cours des choses qui allaient suivre.

Presque un quart de siècle plus tard, je ne pouvais toujours pas accepter l'idée d'avoir conçu non seulement une, mais deux filles durant ces années, de les avoir portées pendant neuf mois, en les aimant avant même qu'elles ne soient nées, puis de les avoir données à l'adoption quand elles étaient de tout petits bébés.

Ces images d'une autre époque m'avaient hantée tant et tant de nuits ! Elles prenaient leur liberté pour se déchaîner pendant mon sommeil, et s'incrustaient dans mon esprit à mon réveil. Quoi que je fasse pour les oublier.

38

Depuis mon retour à la maison, l'homme d'à côté avait pris des airs de fantôme. J'apercevais l'arrière de sa tête ou son profil quand il descendait de voiture. Mais avant que j'aie eu le temps de vraiment le voir ou de l'appeler, il disparaissait tellement vite que je me demandais souvent si mon imagination ne m'avait pas joué un tour.

J'entendais parfois ses enfants appeler « papa ! », et je voyais de temps à autre Dora derrière sa fenêtre, qui guettait son retour.

Une fois, je crus le voir dans la rue. Je pressai alors le pas, mais en réduisant l'espace qui nous séparait, je me rendis compte que ce n'était qu'un inconnu. À ces quelques exceptions près, il semblait avoir disparu de ma vie. J'étais soulagée, car de toute façon, je ne l'aimais plus, *bien sûr* ! Cela dit, je me demandais parfois s'il pensait encore à moi.

Il était quatre heures de l'après-midi lorsque j'obtins une réponse à cette question. J'attendais à l'arrêt de bus lorsque j'entendis le moteur d'une voiture qui ralentissait.

« Salut, petite Lady », lança une voix depuis l'intérieur du véhicule. Je me tournai vivement et regardai l'homme d'à côté dans les yeux.

À ma grande stupéfaction, il se pencha et ouvrit la portière passager.

— Monte, dit-il.

Je le dévisageai, incrédule, tandis que la douleur des derniers mois se réveillait en moi. Je tournai d'un coup les talons et m'éloignai. Il me suivit.

— Va-t'en, lui dis-je, je ne veux pas te parler.

— Mais j'ai quelque chose à te dire, répondit-il avec un sourire qu'il croyait irrésistible. Allez, monte donc !

Je ne le fis pas. Ni le jour suivant, ni encore celui d'après. C'est au quatrième que je cédai.

— Je suis désolé, dit-il alors. Je n'avais pas le choix, mais j'ai beaucoup pensé à toi.

J'avais beau me dire qu'il ne fallait pas l'écouter, il m'exprima exactement les sentiments que j'avais envie d'entendre, et pendant un instant ce jour-là, je le crus. Les souvenirs de celui qu'il avait été au début – quand il écoutait mes histoires et me gratifiait de sa considération – se superposèrent aux plus récents, plus douloureux. Tandis qu'il me parlait de nouveau, après tous ces mois sans contact, je n'oubliai certes pas les épisodes de son chantage menaçant, mais je les mis temporairement de côté dans un recoin de ma tête.

Il m'offrit même un cadeau : un beau médaillon d'argent. « Porte-le sous ton chemisier », précisa-t-il.

Et tout doucement, petit à petit, la méfiance de ces dernières années s'effaça jusqu'à ce que je le considère de nouveau comme l'ami de mon enfance, celui à qui je pouvais confier mes rêves et mes peurs.

Il m'écouta parler, et, à l'inverse de mes parents, manifesta de l'intérêt pour tout ce que je disais. Il se montra contrarié quand je lui racontai les noms dont Susan et sa mère m'avaient traitée. Son bras se glissa brièvement autour de mon épaule lorsque je lui confiai comme je me sentais différente de ma famille, et combien la dernière altercation avec mon père m'avait bouleversée. Mais je n'évoquai jamais le foyer et notre bébé, et il ne me posa pas de question à ce sujet.

Je lui fis part de mon projet de formation pour être infirmière, et de ma hâte.

— Tu me manqueras, Marianne, dit-il alors, et je songeai qu'il serait bien la seule personne à être dans ce cas. Mais plus tard, lorsque je me retrouvai seule et libérée de son emprise sur moi, je me souvins de la façon dont il m'avait abandonnée durant ma grossesse.

— Tu m'as menti, lui dis-je un jour, on ne pend pas les filles qui ont couché avec des hommes. On me l'a dit, au foyer.

Il argua que c'était pour mon bien qu'il l'avait prétendu. Je savais sûrement qu'une foule de problèmes risquaient de me tomber dessus si je le disais ? Ne l'avais-je pas déjà constaté ?

En effet : cela voulait dire que personne ne me parlait, et que tous parlaient de moi.

Mais j'étais encore assez naïve pour le croire, car j'en avais envie, et je ne m'attardais guère sur l'idée que c'était lui qui risquait de gros ennuis.

Je ne me rendis pas compte que l'homme d'à côté avait recommencé à m'ensorceler, que c'était un jeu d'adresse et de patience affûté par la connaissance qu'il avait désormais de ma personnalité et de mes faiblesses. Il était conscient de ma solitude, de mon isolement à la maison comme à l'école. Ne lui avais-je pas tout dit moi-même ? J'ignorais qu'à chacune de mes confidences, je lui fournissais une arme supplémentaire pour me manipuler.

La première manche du jeu consistait à me rendre heureuse de le voir. Partie facile à jouer : certains jours il venait me chercher, d'autres pas. Je commençai rapidement à chercher sa voiture du regard, comme il l'avait prévu.

La deuxième manche ne fut pas non plus bien difficile : il s'agissait de me faire croire qu'il était la seule personne à s'intéresser à moi, sentiment qu'il renforçait à chacune de nos rencontres.

À ce stade, il n'essaya jamais de me toucher. Petit à petit, je commençai à lui accorder de nouveau ma confiance, tandis qu'il préparait le coup final de la partie.

39

J'eus enfin mes quinze ans – anniversaire qu'il me tardait de fêter, car il rimait avec liberté. J'avais cependant négligé un détail : si j'étais assez âgée pour quitter l'école et avoir le droit de travailler, il me fallait néanmoins la permission de mes parents pour quitter le domicile familial.

Quelques jours avant cette date cruciale, la directrice me convoqua dans son bureau, pour me faire part du fait que mes ambitions avaient une chance de pouvoir se concrétiser. Un hôpital dans le nord de l'Angleterre m'avait acceptée pour intégrer son cursus de formation. Ma rémunération serait certes minime, mais je serais logée et nourrie sur place. La meilleure nouvelle, même si la directrice ne me le présenta pas sous cet angle, était qu'aucune des filles de mon établissement n'avait postulé là-bas. Ajouté au fait que l'hôpital se trouvait loin de mon domicile, il était très peu vraisemblable que j'y croise quiconque de ma connaissance.

— Ce sera un nouveau départ pour toi, Marianne, et tu le mérites, me dit-elle avec beaucoup de gentillesse. Tu as travaillé dur pour redresser tes notes cette année. Je suis très contente pour toi.

Même si elle en connaissait peu sur ma vie personnelle, je compris à l'expression de son visage qu'elle savait de quelle façon j'avais été ostracisée et harcelée par les autres élèves.

La phrase suivante, cependant, me ramena à la réalité de ce que cette offre signifiait.

— Tes parents vont devoir écrire une lettre t'autorisant à partir.

— Et... que se passerait-il s'ils ne le faisaient pas ? demandai-je, inquiète.

— Eh bien, Marianne, sans cela l'hôpital ne pourrait pas te prendre. Mais tu as sûrement déjà discuté de tout cela avec ta famille ?

— Oh, oui, bien sûr ! mentis-je.

J'attendis l'heure du dîner pour en parler à mes parents.

— Quoi ? Tu as fait des cachotteries pour arranger tout ça dans notre dos ? rugit mon père, furieux. Et tu pensais pouvoir faire ça sans en parler à ta mère ou à moi ? Alors nous, on compte pour du beurre ! On est juste bons à te nourrir et à t'habiller, c'est ça ? Eh bien si tu crois que je vais donner ma permission pour ce truc, tu peux toujours rêver !

Ma mère examinait ses mains avec grande attention et tripotait son alliance sans rien dire.

— Il est temps que tu ramènes un peu d'argent à la maison, ma fille ! continua-t-il. Alors tu vas te dégoter un boulot dans le coin, et commencer à payer ta pension. Montrer un peu de reconnaissance pour tout ce qu'on a fait pour toi, tout ce qu'on a dû supporter. C'est le moins que tu puisses faire.

Je tentai de souligner que si je ne vivais plus à la maison, ils n'auraient plus à me nourrir, mais il refusa d'écouter. Je plaidai ma cause et me mis à pleurer, mais c'était inutile. Je me tournai vers ma mère, cherchant son soutien.

— Ce n'est pas la peine de la regarder, Marianne. Ta mère pense comme moi, n'est-ce pas ? dit mon père en se retournant vers elle avec un regard si féroce que je savais qu'elle ne pourrait pas s'y opposer.

— Tu ne peux pas y aller sans une lettre avec notre accord, c'est bien ça ?

Je hochai misérablement la tête.

— Eh bien la réponse est non. Et c'est catégorique ! dit-il avec une note de triomphalisme dans la voix.

Il s'interrompit un moment pour enfourner quelques bouchées de nourriture, puis il releva la tête pour fixer mon visage décomposé.

— Tu sais ce que tu vas faire demain ? Tu vas chercher du boulot dans cette nouvelle usine. Il y a une affiche comme quoi ils cherchent du monde. Ils payent pas mal, apparemment. Mets-toi bien ça dans le crâne, et que je n'en entende plus parler.

Avant même que j'aie eu le temps d'ouvrir la bouche pour protester, il m'acheva d'une dernière phrase.

— De toute façon, Marianne, tu nous as déjà causé assez d'ennuis comme ça. Il est hors de question que tu quittes la maison à quinze ans pour te remettre à refaire des tiennes.

Je ne retournai pas à l'école le lendemain. Au lieu de quoi, je me rendis à l'usine et demandai à voir la personne qui s'occupait de l'embauche des jeunes. On me dit de me présenter le lundi suivant. Je serais formée pour être bobineuse.

Mon père avait raison. Ils payaient bien.

Mais aucune somme d'argent n'aurait pu me dédommager pour mes rêves brisés.

40

Je travaillais dans un grand bâtiment moderne au sein d'une zone industrielle, comme il en avait poussé beaucoup dans notre région.

Mon chef, un homme frêle aux cheveux ternes portant des lunettes à monture métallique, m'expliqua, avec un fort accent londonien, ce que je devrais faire.

J'étais attendue dans son bureau le lundi suivant à huit heures moins le quart, et il me montrerait la salle où allaient avoir lieu les deux semaines de formation. J'apprendrais à faire du bobinage pour l'industrie des télécommunications, en pleine croissance.

On m'apprendrait à me servir d'un fer à souder et à reconnaître les différents calibres de câbles sur lesquels j'allais travailler. Après m'être creusé la tête pour savoir comment m'habiller, j'optai pour ma jupe d'écolière et un tricot acheté dans un magasin d'occasion. J'avais tout lavé et repassé la veille ; si j'avais l'air démodée et gamine, au moins étais-je propre sur moi.

En me présentant au travail, nerveuse, je me retrouvai avec un groupe de femmes plus âgées qui débutaient aussi à l'usine ce jour-là. On nous emmena dans un petit bâtiment extérieur et, sitôt les présentations faites, la première leçon commença. À ma grande surprise, je trouvai le travail facile à faire à cause de mes petites mains, même si la tâche était on ne peut plus ennuyeuse. On me couvrit de compliments ce premier jour, et soudain, l'idée de travailler à l'usine ne me parut plus si horrible.

J'étais la plus jeune, d'au moins cinq ans. La plupart des autres femmes avaient un mari qui travaillait aussi dans l'une des usines alentour.

Certaines avaient déménagé du centre de Londres, séduites par de meilleures écoles pour leurs enfants et par l'opportunité d'acquérir à un prix raisonnable une des maisons mitoyennes dans l'un de ces lotissements qui fleurissaient sur tout le paysage de l'Essex. Elles étaient très sympathiques, et quand le sifflet de l'usine annonça les quinze minutes de pause, je me retrouvai assise entre deux femmes qui semblaient bien décidées à me prendre sous leur aile, étant donné leur expérience dans ce travail.

— Tu es toute jeunette, dis donc ! Depuis quand as-tu quitté l'école, la puce ? me demanda l'une d'elles, une brune avec des yeux noisette rieurs et plein de taches de rousseur sur le nez, qui s'appelait Bev.

— C'est tout frais, répondis-je en sentant poindre en moi la déception de ne pas être plutôt en route pour l'école d'infirmières.

— Ce qui explique ta tenue, dit son amie Jean, sans la moindre méchanceté.

Consciente du décalage entre l'image de ces femmes, avec leurs cheveux permanentés et leur maquillage, et la mienne – cheveux sagement attachés et visage dénué de tout artifice – je me sentis un peu mal à l'aise. Malgré le vêtement de travail que nous avions toutes, je voyais bien que Bev et Jean portaient des habits plus beaux que tout ce que je possédais dans ma maigre garde-robe. Mon cœur se serra une fois de plus, et je me dis que je ne parviendrais jamais à m'intégrer. Mis à part mon uniforme scolaire, je n'avais que quelques robes d'occasion qui, en raison de ma petite taille, étaient soit trop grandes, soit trop enfantines pour moi.

Je connaissais le prix des vêtements. J'avais contemplé suffisamment de vitrines, rêvant de quelque chose de neuf et à la mode, mais je savais qu'il me faudrait faire beaucoup d'économies pour me payer des choses comme celles que portaient mes camarades de travail. Mon père m'avait indiqué combien je devrais désormais verser à ma mère chaque mois pour le gîte et le couvert, ce qui me laissait peu d'argent personnel.

— Tu sais quoi, la puce ? dit Bev en voyant mon air triste. Je fabrique moi-même la plupart de mes fringues avec une machine à coudre que j'ai à la maison. Je pourrais te faire quelques jolies tenues, sans problème. Il faudra juste que tu me fournisses le matériel.

Je n'eus pas le temps de lui demander si elle le pensait vraiment, qu'elle continuait déjà, avec une simplicité déconcertante.

— On pourra aller faire du shopping quand tu auras eu ta première paie du vendredi. Je compte faire des heures supplémentaires samedi. Tu pourrais t'y inscrire aussi, quand tu auras fini ta formation. On irait dans ce nouveau magasin, en ville, juste après, pour acheter un beau tissu.

— Je dois donner presque toute ma paie à ma mère, lui dis-je. Il y a quatre autres enfants plus petits que moi à nourrir.

— Ne t'inquiète pas, me rassura-t-elle. Ça ne coûtera pas bien cher. Quelques sous suffiront pour habiller ta petite silhouette. Tu pourras même rester manger un morceau à la maison pendant que je ferai les découpes, puis on te ramènera chez toi, avec mon jules.

Je marmottai quelques mots de remerciement, ignorant encore que cette amitié naissante allait se révéler être l'une des plus importantes de toute ma vie.

C'est le vendredi après-midi que je reçus ma première paye. On me tendit une enveloppe brune fermée, avec le calcul de ma rémunération écrit dessus. Je l'emportai à la maison et la donnai à ma mère, sans même l'ouvrir. Elle y prit un billet et quelques pièces, et me redonna le reste.

« C'est pour toi, Marianne, me dit-elle. Dépense-le comme il te plaira. » Lorsque je lui parlai de la possibilité de faire des heures supplémentaires, elle me dit que je pourrais conserver tout cet argent pour moi. Un grand sourire illumina mon visage, et je me demandai déjà si j'allais avoir assez d'argent pour aller faire du shopping.

Ce samedi après-midi, je me rendis en ville avec Bev pour faire les magasins de tissus. Je trouvai un coupon d'un imprimé pastel à petites fleurs, dont Bev me dit qu'elle pouvait faire un chemisier. Elle découvrit ensuite un morceau de tissu bleu marine aux dimensions appropriées pour m'en faire une jupe plissée, qui épouserait bien ma taille et viendrait voleter autour de mes genoux quand je marcherai.

— Ça mettra en valeur ta taille de guêpe, me dit-elle en souriant, et je l'approuvai, ravie.

Mon maigre pécule couvrait juste ces achats, et je ne me tenais plus de joie. Nous allâmes fêter ça autour d'un thé et d'un gâteau à la crème avant de rentrer.

— C'est pour moi ! lança Bev. Ce sera ton tour la

prochaine fois, quand tu auras touché tes heures supplémentaires.

Quelques heures plus tard, je me retrouvai chez ma nouvelle amie, mesurée sous tous les angles afin qu'elle procède à la coupe. Dès que j'y entrai, je tombai instantanément amoureuse de sa maison, dont j'admirai le canapé trois pièces en tissu, le tapis à fleurs assorti, ainsi que la table lustrée et les chaises en teck clair. En comparaison, la maison de mes parents était un véritable taudis.

— C'est joli, n'est-ce pas, Marianne ? La table basse est ma préférée, c'est du Ercoll[1] ! Ça coûte les yeux de la tête, mais c'est de la qualité. On a tout acheté à crédit, me dit Bev. Je voulais que tout soit neuf avant de fonder une famille.

Son mari, un blond râblé d'à peine trente ans, travaillait à la pièce dans une autre usine, ce qui rapportait encore plus que nos salaires à nous.

Rapidement, je fus invitée à manger une fois par semaine avec Bev et son mari, qui me reconduisaient ensuite chez moi. La première fois qu'ils me déposèrent, je pris conscience de l'impression que devait leur faire notre maison, avec ses rideaux mal adaptés aux fenêtres et la peinture écaillée de sa porte d'entrée. Mais ils ne firent aucun commentaire et me souhaitèrent juste bonne nuit en partant.

C'était la première fois que je voyais ce qu'on appelle un couple moderne. Tous deux travaillaient et gagnaient de l'argent, et ils décidaient conjointement des dépenses. Ils sortaient ensemble le soir, après avoir discuté de ce qu'ils avaient envie de faire. Ils allaient

1. Fabricant de meubles britannique. *(N.d.T.)*

parfois au cinéma ou au pub, et une fois par mois, ils s'habillaient bien pour sortir dîner puis danser. Le dimanche, Bev faisait toujours un rôti tandis que Phil lavait sa voiture et jardinait. C'est lui qui faisait ensuite la vaisselle, puis ils regardaient la télévision et lézardaient un peu ensemble. Jamais auparavant je n'avais entendu parler d'un homme qui aidât aux tâches ménagères. Ce fut également mon premier aperçu de ce que pouvait être un mariage heureux.

La seule chose qui leur manquait, me confia Bev, c'était un bébé. Tous les crédits étaient désormais remboursés, et Phil allait obtenir une promotion et passer superviseur dans son travail. Cela signifiait que Bev n'était plus obligée de travailler, et tous deux sentaient que c'était le bon moment pour avoir un enfant. Ils essayaient bien, mais sans succès jusqu'alors, me dit-elle, les yeux soudain remplis de tristesse. Je me sentis encore plus coupable à ces mots : que penserait-elle si elle apprenait que j'avais eu un bébé, et que je l'avais laissé partir ?

C'est durant les premières semaines de ma rencontre avec eux que je commençai à envisager, très timidement, l'éventualité de rencontrer aussi un jour quelqu'un de gentil. Quelqu'un que je pourrais épouser et avec qui je m'installerais. Mais sitôt cette idée entrée dans ma tête, je la rejetai vivement. Les hommes, m'avait-on dit, aimaient que leur femme ait été exemplaire avant de les rencontrer. Qui pourrait décemment accepter mon lourd passé ?

Comment pourrais-je jamais avouer à quelqu'un que non seulement je n'étais plus vierge, mais cela depuis l'âge de huit ans ?

41

Le lendemain de mon embauche à l'usine, je retournai à mon école pour faire part à la directrice de la décision de mon père. Elle ne put qu'articuler quelques mots comme « peut-être quand tu seras plus grande... », mais nous savions toutes deux que ce ne serait pas le cas. Une fois entrées à l'usine, les filles revenaient rarement aux études pour décrocher de plus hautes qualifications.

Je voyais dans ses yeux qu'il ne s'agissait là que de vains mots d'encouragement. J'avais mal de la laisser ainsi tomber, et je détestais la bêtise de mon père et son refus obstiné de me laisser ma chance.

C'est pile ce jour-là que l'homme d'à côté refit son apparition, comme surgi de nulle part. Il m'écouta raconter en pleurant le refus de mon père de me laisser rejoindre l'école d'infirmières.

Il s'était montré compatissant à ce sujet, et m'avait même confié qu'une expérience similaire lui était arrivée. Lui aussi aurait voulu continuer l'école et passer des examens pour entrer à l'université, mais son père l'avait contraint à apprendre un métier.

« C'est pas dans les livres qu'on se fait une bonne paye », tel était le credo de son père, m'expliqua-t-il.

Touchée par les similitudes de nos rêves brisés, je le crus. À la fin de son apprentissage, il rencontra Dora « et là, c'était trop tard », conclut-il.

Je me demandai plus tard si cette histoire était véridique, ou si c'était une ruse de plus pour gagner ma sympathie et créer du lien entre nous.

Il s'écoula plusieurs semaines avant que je ne le revoie. Pendant cet intervalle, si je n'aimais pas foncièrement la routine de l'usine, du moins m'y étais-je bien habituée. J'appréciais mon amitié grandissante avec Bev et les remarques des autres femmes au fur et à mesure que mon apparence évoluait.

Avec l'argent de mes heures supplémentaires, je m'achetai de nouveaux sous-vêtements et des chaussures, me fis couper les cheveux et procédai à mes premiers essais de maquillage. Le vrai changement eut lieu lorsque je commençai à porter au travail les vêtements que Bev m'avait confectionnés.

« Ne les garde pas pour les grands jours, m'avait-elle dit après avoir fini les premiers. Je t'en ferai d'autres dès que tu te seras acheté du tissu. »

C'est un samedi que l'homme d'à côté refit son apparition. Je venais de faire une matinée d'heures supplémentaires et quittais juste l'usine lorsque j'entendis sa voix derrière moi. Cette fois, il était à pied.

— Tu es très jolie aujourd'hui, petite Lady.

Ce jour-là, je me sentis en colère contre lui. Où était-il donc passé ? Il ne se montrait que lorsque cela lui chantait. Il vit l'expression de mon visage, et, comprenant très bien les émotions mitigées qui me parcouraient, se mit à rire.

— Je t'ai manqué, hein ?

— Non ! répondis-je un peu trop hâtivement. Pas du tout.

Que je l'admette ou non, c'était pourtant la réalité.

— Il paraît que tu te fais plein de nouveaux amis, me dit-il.

Je supposai que ma mère en avait parlé à Dora, qui le lui avait à son tour répété. À moins qu'il n'ait épié à travers les rideaux lorsque Bev et Phil me ramenaient à la maison.

— Alors, tu vas bientôt m'oublier, je suppose ? dit-il en me défiant du regard.

Comme il l'espérait, je lui répondis que non.

Il me prit par le bras et m'emmena en direction de sa voiture. Dans un grand geste, il m'ouvrit la portière et je montai à l'intérieur. Cette fois, au lieu de me ramener directement chez moi, la voiture quitta la route pour s'enfoncer dans les bois.

Il tendit les bras vers moi.

— Viens là, Marianne.

Je tressaillis. Il avait déjà gâché ma journée. Je pris conscience du fait que je ne voulais pas revenir à la situation où il me forçait à faire des choses que non seulement je n'aimais pas, mais que je savais être néfastes.

Je pleurai un peu, et il me caressa le dos. Je lui dis que je ne voulais que parler.

— Et ça ? me dit-il, un bras autour de mon épaule en me caressant doucement le cou. Tu aimes bien, ça, non ?

Il avait raison. J'aimais la sensation d'être enlacée. Après tout, il était encore la seule personne à me prodiguer physiquement de l'affection. Depuis que j'étais petite et que j'avais vu tout l'amour de mes parents se focaliser sur mes jeunes frères et sur ma sœur, j'avais désiré un peu de cette intimité. Mais je ne voulais pas de l'autre partie de la chose, celle que je savais qu'il voulait, lui.

Pendant trois semaines, je refusai toutes ses avances.

— Leur as-tu dit qui était le père ? me demanda-t-il un jour, question dont il connaissait pleinement la réponse.

— Tu sais bien que non, lui répondis-je, espérant qu'il serait reconnaissant de la protection que je lui avais accordée.

— Donc, poursuivit-il, quand tu as rempli tous ces formulaires officiels pour l'adoption du bébé, qu'est-ce que tu as écrit ? « Père inconnu » ?

— Oui, réitérai-je, insistant sur l'idée que je ne l'avais pas trahi.

Il m'expliqua alors que j'avais commis un acte illégal : j'avais menti sur un formulaire officiel. Son visage était sombre et grave.

— Est-ce que tu te rends bien compte de ce que tu as fait, Marianne ?

— Mais c'est toi qui m'as dit de ne rien dire ! m'écriai-je, à la fois indignée et inquiète d'avoir fait quelque chose d'illégal.

Je sus immédiatement que je n'avais pas répondu de manière adéquate, mais j'ignorais quelle aurait pu avoir été la bonne réponse.

— Je ne t'ai jamais dit de mentir sur un document du gouvernement ! me rétorqua-t-il d'un ton sec.

J'éclatai en sanglots face à l'injustice de ses propos.

Une fois de plus, il me promit qu'il ne laisserait rien de mauvais m'arriver. Sa voix s'adoucit, et il se mit à me susurrer au creux de l'oreille qu'il allait me faire la chose, parce que j'étais importante à ses yeux. Je me sentis de nouveau piégée et incapable de me dérober.

Cet après-midi-là, je ne me refusai pas à lui.

Je ravalai ma honte, car j'avais encore besoin de l'entendre me dire ces mots. Il savait lesquels employer pour me manipuler. Ne lui avais-je pas donné moi-même toutes les clés en lui confiant mes peurs ?

Pourquoi le laissai-je encore abuser de moi ? C'est une question que j'ai retournée mille fois dans ma tête. Je ne l'aimais pas ; j'avais même peur de lui. Je détestais ce qu'il me faisait. Mais je redoutais aussi qu'il ne m'aime plus. Et je savais qu'il était plus fort que moi, plus déterminé à me faire céder que moi à me refuser. J'avais l'impression de ne pas avoir le choix.

À cette époque, je ne comprenais pas que la vraie raison pour laquelle je le fréquentais, c'était qu'à pourtant quinze ans, je n'étais guère plus qu'une enfant, une enfant privée d'amour et livrée à elle-même depuis toujours.

Il fit attention cette fois, attention de ne pas être vu avec moi. Il ne venait jamais plus à la maison, ne m'attendait plus dehors. Il prenait une petite route entre l'usine et l'arrêt de bus, et m'accueillait avec un grand sourire et les mots justes pour me faire croire que quelqu'un m'aimait et m'écoutait.

C'est en vomissant à mon réveil, un matin, que je me rendis compte qu'il n'avait pas fait si attention que ça.

42

J'attendis quelques jours, espérant qu'une intoxication alimentaire pût être la cause de mon malaise. Mais la chose se reproduisit trois matins de suite, et je fus bien obligée de regarder les choses en face, puisque trois mois s'étaient déjà écoulés depuis mes dernières règles. Cette fois, il allait devoir m'aider.

Pour la première fois depuis toutes ces années, c'est donc moi qui me mis à sa recherche.

Je me glissai dans son atelier à un moment où j'étais sûre qu'il n'y avait personne dans les parages, et lui laissai un mot lui disant que je devais le voir.

Le jour suivant, il m'attendait près de l'usine. À peine montée dans sa voiture, je lui expliquai que non seulement mes règles étaient en retard, mais aussi que j'étais malade tous les matins. « Merde ! » Tel fut son premier mot.

Puis il me posa la même question que celle qu'il m'avait posée deux ans auparavant :

— Tu es sûre qu'il est de moi ?

Je me mis à pleurer sous le coup de la colère provoquée par son doute, et de la terreur que suscitait en moi cette nouvelle épreuve.

— Je suis incapable de vivre ça une nouvelle fois, lui dis-je.

— Ne t'inquiète pas, répondit-il. Tu n'auras pas à le subir.

Il m'entoura de ses bras. Mais ce jour-là, au lieu de me réconforter, leur poids me donna l'impression de m'écraser et de me piéger sur mon siège.

Il me dit qu'il allait réfléchir à quelque chose et qu'il m'attendrait à la sortie de l'usine le lendemain.

La journée me parut interminable. Lorsque le signal annonçant la fin du travail retentit, je bredouillai un rapide au revoir et décampai hâtivement, sans prendre le temps de bavarder un peu avec Bev comme je le faisais d'habitude. Sa voiture s'avança avant que j'aie eu le temps de me rapprocher de l'arrêt de bus, et sa voix m'ordonna d'y sauter rapidement. Je compris qu'il craignait que l'on nous voie ensemble.

Nous nous enfonçâmes dans les bois, encore plus loin que les dernières fois. Le visage sombre, il attrapa un sac derrière lui et en sortit une bouteille Thermos ainsi que l'un de ces tuyaux noirs que j'avais vus sur le plateau de Dora deux ans plus tôt.

— Non, pas ça ! m'écriai-je, et je tentai de m'enfuir de la voiture.

Mais il était trop fort pour moi. Il m'attrapa et me plaqua fermement sur la banquette, un de mes bras replié sous moi. Je n'eus même pas le temps de me débattre : il me chevaucha, un de ses genoux me clouant au siège, et l'autre me maintenant contre le dossier de la banquette. Il était beaucoup plus costaud que moi, et j'avais une peur bleue qu'il me fasse vraiment du mal.

Il m'enleva ma culotte et écarta brutalement mes genoux. Je sentis le plastique dur de l'embout entrer en moi, et hurlai de douleur. L'état de colère et de désespoir où il se trouvait ne lui permettait pas d'avoir la douceur de Dora, et l'eau savonneuse était beaucoup plus chaude que ce dont je me souvenais. Je martelai sa poitrine en pleurant de terreur tandis qu'il déversait jusqu'à la dernière goutte du récipient en moi. Il se dégagea alors, et poussa mes jambes en l'air en les rapprochant.

— Il faut garder ça en toi un moment, me dit-il. Tu veux t'en débarrasser, Marianne, oui ou non ? Pense un peu à ce que ferait ton père s'il l'apprenait, ce coup-ci.

Cette simple idée me glaça d'effroi. L'après-midi, la douleur s'avéra bien pire que la fois précédente. Quand j'atteignis la portion de route où il me déposait toujours, des crampes terribles et des vagues de nausée me terrassaient déjà. Ne voulant pas éveiller les soupçons de ma mère, je prétextai un mal de tête et montai directement me coucher.

Je tentai d'étouffer l'expression de ma douleur en roulant le drap dans ma bouche et en le mordant, car je craignais que ma sœur ne m'entende et n'aille le dire à mes parents.

J'avais le front ruisselant de sueur, le corps dévasté par la souffrance, et quand l'épuisement me fit enfin sombrer dans le sommeil, je rêvai d'une immense flaque de sang dans laquelle flottait un bébé mort.

Le matin suivant, pas de règles. Et j'étais encore malade.

L'homme d'à côté vint aux nouvelles une semaine plus tard.

— Alors ? dit-il, comme je montais dans sa voiture.

— Rien, répondis-je.

Je lui racontai combien j'étais malade chaque matin,

et les larmes envahirent de nouveau mon visage. Au fil de mes mots, tous les signes propres à l'ami de mon enfance disparurent, jusqu'à ce que je ne voie plus qu'un étranger assis près de moi, un étranger qui me contemplait d'un regard dur et froid.

— Tu ferais bien de t'en tenir à la même histoire que la fois précédente, finit-il par me dire. Ne crois pas que tu pourras me mouiller là-dedans. Personne ne te croirait.

Je protestai de toutes mes forces, lui disant que cette fois, il ne pouvait pas m'abandonner, qu'il devait m'aider, mais il balaya d'un coup tous mes efforts pour obtenir son soutien.

— Ne fais pas l'imbécile, Marianne, dit-il tandis que je reprenais mon souffle. Je suis un homme marié et respectable, demande autour de toi. Toi, par contre... N'as-tu pas informé tout le monde que tu couchais à droite à gauche quand tu avais treize ans ? N'as-tu pas certifié sur un document officiel que tu ignorais qui était le père de ton enfant ? Alors, qui croirait tes mensonges, désormais ?

Je poursuivis néanmoins mes supplications, qui ne rencontrèrent qu'un rire moqueur.

— Si par t'aider, tu veux dire te permettre d'avorter, n'y pense même pas. Tout ça coûte de l'argent, et je n'en ai pas pour ça. Et puis de toute façon, c'est illégal. Non, tu n'auras qu'à t'en tenir à la même histoire. Tu dois bien la connaître par cœur, maintenant.

Il ne dit rien d'autre et s'arrêta à plus d'un kilomètre de nos maisons.

L'espace d'un instant, je crus qu'il avait changé d'avis, ou qu'il avait eu une idée pour me venir en aide. Mais cet espoir fut vite anéanti.

Il se pencha simplement pour ouvrir ma portière.

— Sors, Marianne, proféra-t-il froidement. Je ne veux pas risquer d'être vu avec toi. Peut-être qu'une bonne petite marche te remettra les idées en place.

Je le regardai, n'en croyant pas mes oreilles. Il n'allait tout de même pas me laisser seule sur cette route de campagne, dans l'obscurité ? C'est pourtant ce qu'il fit. Constatant que ses paroles n'avaient pas été entendues, il me poussa brutalement.

— Je ne plaisante pas, Marianne. Descends.

Sans réfléchir, et trop choquée pour protester davantage, je m'exécutai. Je restai sur le bord de la route à regarder la lumière des phares s'éloigner dans le noir de cette froide soirée d'hiver. Je remontai le col de mon manteau et commençai à marcher.

Lorsque j'arrivai chez moi, sa voiture était garée à son emplacement habituel. Je jetai un regard hébété aux rideaux tirés de sa maison, l'imaginant tranquillement assis devant sa cheminée, peu préoccupé de mon cas.

J'eus envie de frapper à sa porte et d'exiger qu'il m'aide, mais je savais qu'il me rirait au nez et qu'il nierait toutes mes accusations. Après tout, il s'en était déjà tiré une fois.

J'étais seule, et je le savais.

Deux ans allaient s'écouler avant que nous nous adressions de nouveau la parole.

43

Les semaines suivantes se déroulèrent dans la confusion. Pendant mes journées à l'usine, je faisais l'autruche et essayais d'écarter de mon esprit toute pensée relative à ma grossesse. Mais dès les premières heures du jour, quand j'étais réveillée par d'horribles cauchemars, la peur m'étreignait déjà le ventre.

Chaque matin, je courais aux toilettes et m'agenouillais pour vomir. Je ne pouvais alors ignorer que trop de mois s'étaient déjà écoulés pour qu'il demeure la moindre chance que je ne donne pas bientôt naissance à un autre enfant – car à la différence de ma première grossesse, les nausées ne s'étaient pas arrêtées après les trois premiers mois.

Qu'allait-il m'arriver ? La question m'obsédait, même si j'étais trop effrayée pour la regarder vraiment en face. Je camouflais mon ventre sous des vêtements amples, me rafraîchissais l'haleine avec un bain de bouche pour dissimuler l'odeur du vomi, et brûlais des allumettes dans les toilettes pour en effacer les relents persistants.

C'est Bev qui le remarqua la première.

— Marianne, me dit-elle calmement à notre pause du matin, tu es enceinte, n'est-ce pas ?

— Oui, murmurai-je.

Un sentiment de soulagement m'envahit rien que de prononcer ce simple mot.

Elle me demanda à quel stade j'en étais, et eut l'air choquée lorsque je lui annonçai que je devais être dans mon sixième mois. D'autres questions suivirent, et sa consternation sembla augmenter quand je lui avouai que non seulement je n'avais pas vu de médecin, mais que je n'avais toujours rien dit à mes parents.

Comment aurais-je pu lui avouer qu'ils ne m'auraient été d'aucun soutien, et que c'était ma seconde grossesse en trois ans ?

J'enfonçai mes ongles dans les paumes de mes mains, attendant la question que je redoutais plus que les autres.

— Et qui est le père ? demanda-t-elle.

Cette fois, j'avais compris ce que répondre « je ne sais pas » pouvait impliquer. Je regardai mes pieds et marmonnai un mensonge : un garçon avec qui j'étais sortie quelques fois, et qui avait quitté la ville depuis.

— Il s'est tiré à Londres, ajoutai-je. Il m'a larguée juste après qu'on l'a fait la première fois.

Elle m'adressa un regard plein de compréhension. Après tout, elle savait que j'avais peu de vie sociale, et elle devait se figurer que j'avais craqué pour le premier garçon qui m'avait témoigné un peu d'intérêt.

Tandis que je lui parlais, je sentis mon visage rougir, à la fois de gêne et surtout de honte à l'idée de tromper ainsi ma seule amie proche. Me voyant au bord des larmes, elle passa son bras autour de moi et me dit qu'elle allait m'aider.

— Mais il faut en parler à tes parents, Marianne, c'est la condition, me dit-elle.

Je lui promis de le faire.

Bev fixa un rendez-vous chez le médecin pour moi et prit une journée de congé pour m'accompagner. L'examen confirma que j'en étais à six mois de grossesse. Le docteur me donna un autre rendez-vous au service de consultation prénatale et me prescrit du fer ainsi que des médicaments pour que je ne sois plus malade le matin. J'étais sous-alimentée et anémiée, déclara-t-il, et j'avais besoin de bien manger et de me reposer. Il dut penser que Bev était une parente, car c'est à elle qu'il adressa la plupart de ses commentaires.

Bev m'emmena ensuite chez elle.

Elle me fit une tasse de thé et ouvrit un paquet de biscuits au chocolat. C'est alors qu'elle m'annonça avoir discuté de ma situation avec Phil.

— Nous sommes tombés tous les deux d'accord, me dit-elle. Si jamais tes parents ne veulent pas de toi en attendant que tu aies ton bébé, tu peux rester chez nous jusqu'à ce que tout rentre en place.

J'essayai de trouver le courage d'en parler à ma mère, mais les choses m'échappèrent avant que j'y parvienne. Trois jours après mon rendez-vous chez le médecin, mon père trouva les médicaments dans ma chambre. Lorsque je rentrai après mes heures du samedi matin, il m'attendait de pied ferme.

Mon cœur se serra dès que je sentis l'atmosphère tendue qui régnait dans la pièce. Ma mère était debout face à l'évier, comme si le fait de regarder par la fenêtre devant elle l'affranchissait du drame qui n'allait pas manquer de se produire.

Les flacons contenant mes médicaments étaient posés sur la table, près de mon père. Il ne justifia pas la raison pour laquelle il était allé fouiller dans ma chambre, et je me demandai plus tard depuis combien de temps il avait deviné que j'étais enceinte. Mais pour l'heure, seule la peur m'habitait.

— Tu peux me dire à quoi servent ces trucs ? demanda-t-il avec un calme feint.

— Ce sont juste des suppléments en fer, papa, répondis-je.

Je blêmis en voyant son visage devenir noir de colère. En deux enjambées il avait traversé la pièce, et il m'attrapa par le col de mon manteau.

— Du fer ? Et pourquoi donc, petite traînée ? cria-t-il.

Ses yeux brillaient d'une colère encore inconnue de moi.

— Alors tu as remis ça, hein ? hurla-t-il en me pointant son index sur la poitrine et sur le ventre.

Je tentai de protéger mon ventre avec mes mains, mais c'est au niveau de l'estomac qu'il frappa. J'eus instantanément le souffle coupé, et tandis que la douleur me terrassait, je sentis ses mains empoigner mes frêles épaules. Il se mit à me secouer, et je me mordis la langue pendant que mes dents claquaient comme jamais.

— Mais qu'est-ce qu'il y a là-dedans, hein ? Espèce de petite salope !

Telle une poupée de chiffon, il me ballotta d'avant en arrière après m'avoir copieusement insultée.

— Qui est le père, ce coup-ci ? Le nom de cet enfoiré ?

Mon père cracha enfin la question que d'autres m'avaient si souvent posée, et avec elle une bonne quantité de salive m'arriva en pleine face. Je ressentis une rage soudaine contre toute cette injustice. Il fallait qu'il arrête.

— Tu sais très bien qui c'est ! me mis-je à crier, soudain certaine que c'était la vérité.

Mon père me secoua de nouveau.

— Dis-moi son nom, Marianne, dis-moi son nom !

Et je le fis.

Il explosa.

— Je le savais ! Eh bien, tu n'as pas intérêt à ramener cette petite pourriture à la maison !

Et il releva ses manches pour me frapper de nouveau. Avec l'énergie du désespoir, je tentai de protéger mon ventre tout en essayant de lui dire entre mes pleurs que je m'étais arrangée pour avoir mon bébé ailleurs.

— C'est réglé, papa, c'est réglé ! m'écriai-je, mais il était trop déchaîné pour m'écouter.

Il cogna de plus en plus fort avant de me pousser contre la table de la cuisine. Là, il me retint d'une main et défit sa ceinture de l'autre. Je me débattais pour lui échapper, mais mon ventre restreignait mon agilité. La ceinture s'abattit sur mes jambes, mes épaules et mes bras. Je sentis la boucle de métal me trancher la peau, puis j'entendis un bourdonnement qui se mélangeait aux cris de ma mère, et tout devint noir.

Lorsqu'il s'arrêta de frapper, il quitta la maison comme un diable en disant à ma mère de s'assurer que j'aurais déguerpi avant son retour. Je revins à moi et me traînai péniblement jusqu'à l'escalier, que je montai quasiment à quatre pattes pour atteindre ma chambre. Mes bas étaient déchirés, du sang coulait le long de mes jambes, et j'avais peur. Peur qu'il ait blessé mon bébé.

Je m'assis sur mon lit et sanglotai en caressant mon ventre comme je tentais de reprendre un peu de forces.

J'espérais que ma mère allait monter me demander si ça allait, et me prendre dans ses bras pour me consoler. Peine perdue. Une fois que j'en eus bien conscience, je rassemblai quelques vêtements et accessoires de toilette dans un cabas et descendis doucement les marches en me tenant à la rampe pour soulager mon corps meurtri.

Ma mère était toujours près de l'évier, mais cette fois le dos tourné au mur, et ses mains recouvraient son visage. On aurait dit qu'elle avait rétréci, et je voyais son corps trembler.

— Je suis désolée, maman, lui dis-je, je suis vraiment, vraiment désolée.

Elle ne répondit pas.

— Au revoir, alors...

J'attendis quelques secondes une forme de réponse. Comme rien ne venait, je marchai jusqu'à la porte d'entrée et l'ouvris.

C'est alors que j'entendis sa voix. Elle était tendue et plus haut perchée qu'à l'accoutumée.

— Marianne, dit-elle. Prends soin de toi, ma chérie.

Je vis des larmes silencieuses parcourir son visage, et quittai la maison.

44

Je titubai sur la route jusqu'à l'arrêt de bus, oubliant la douleur de ma jambe entaillée. Tout ce que j'avais en tête, c'était de parvenir à la maison de Bev, et de m'assurer que les coups n'avaient pas blessé mon bébé. Je sentis les regards sur moi quand je grimpai dans le bus, mais je n'y prêtai aucune attention et me contentai de bredouiller le nom de la rue où je voulais qu'il me dépose, en réglant le prix de mon billet au conducteur. Je pris place au fond du bus, ignorant les regards et les chuchotements des femmes qui se retournaient constamment pour me regarder. Je tournai la tête vers la fenêtre, mais, aveuglés par les larmes, mes yeux ne pouvaient presque rien voir, et je sentais mon nez couler. Le reflet de la vitre me montrait un visage marqué, qui commençait déjà à gonfler.

Il y avait deux kilomètres et demi entre l'endroit où le bus me déposa et la maison de Bev. J'aurais pu prendre une autre ligne, mais on m'avait toujours raccompagnée en voiture quand je partais de chez elle, et je ne savais pas où prendre ce bus. Je me mis donc à marcher sur la route, hagarde.

À mon grand désarroi, je constatai en arrivant devant la maison de Bev qu'elle était plongée dans le noir, et je me souvins un peu tard que c'était le soir où elle sortait dîner avec son mari. Mes jambes cédèrent alors sous moi, mais j'entendis la voix angoissée de la voisine de Bev.

« Mon Dieu, ma pauvre enfant, que t'est-il arrivé ? » s'exclama-t-elle.

Elle appela son mari, et ils m'emmenèrent jusqu'à leur salon.

Là, elle retira mes bas, nettoya et désinfecta mes plaies, et me banda les jambes.

Pendant qu'elle s'occupait ainsi de moi, elle répétait que j'étais « un si petit bout de fille » et que « celui qui avait fait ça allait devoir le payer. »

Persuadés que j'avais été agressée par une bande de voyous, la femme et son mari voulaient appeler la police. Je les suppliai de ne pas le faire.

Ils me firent boire un bon thé avec une goutte de brandy pour me remettre du choc. Je dus m'endormir sur leur canapé peu de temps après, car c'est la voix de Bev qui me parvint ensuite aux oreilles.

Elle avait pris ma main qu'elle serrait doucement, ses doigts enroulés autour des miens. Mes paupières se fermaient toutes seules, car je ne voulais qu'une chose : dormir.

— Marianne, l'entendis-je me demander, qui t'a fait ça ?

— Mon père, murmurai-je de mes lèvres gonflées.

Les mots « salaud ! », « comment peut-on faire ça à sa propre fille ? » volèrent dans les airs tandis que les deux femmes commentaient la situation. Elles m'aidèrent ensuite à m'asseoir et parvinrent à m'emmener chez Bev, me portant et me traînant à moitié, jusqu'à ce que je sois installée dans sa chambre d'amis.

On appela le médecin, qui arriva sans délai. Il m'examina attentivement et déclara que le cœur du bébé battait toujours. Selon lui, c'était un miracle que le choc n'ait pas provoqué une fausse couche ou un accouchement prématuré.

Je l'entendis parler d'un rapport à la police. Bev chuchota quelques explications impliquant mon père, et, sans le voir, je sus qu'il avait dû hausser les épaules devant ce nouvel élément. Mon père n'était ni le premier ni le dernier à vouloir corriger sa fille pour cause de grossesse précoce sans mari.

Le médecin m'ordonna un repos total. « Je lui fais un arrêt de travail pour une semaine, et nous verrons ensuite », dit-il à Bev d'un ton sévère. Je l'entendis partir, et me rendormis.

Je passai le reste de la semaine à me reposer chez Bev. Au début du week-end, elle me dit que le responsable du personnel souhaitait me voir avant que je reprenne mon poste.

— Pourquoi ? demandai-je.

— Allons, Marianne, tu connais le règlement. L'usine n'a pas le droit de faire travailler des femmes enceintes, et ils ne pourront pas manquer de le savoir, maintenant.

Elle me confia qu'en fait, les autres femmes le savaient depuis un moment déjà, ainsi que le personnel encadrant. Ils avaient fermé les yeux pour me laisser travailler aussi longtemps que possible, mais il était désormais temps de régler cette question.

Lorsque je revins au travail ce jour-là, il s'avéra que Bev avait raison : je devais rentrer chez moi. « Mais quand tout sera terminé et arrangé, vous pourrez reprendre votre poste. Vous êtes une bonne petite employée », me dit-on.

Quelle drôle de façon de présenter les choses ! songeai-je. Autant dire « une fois que vous aurez largué votre bébé » ! Le service du personnel me régla mon solde de tout compte. Et à l'heure du déjeuner, à ma grande surprise, on me remit une enveloppe remplie d'argent.

Les employés s'étaient cotisés pour me constituer une cagnotte personnelle. Et à en juger par la somme qu'elle contenait, tout le monde avait dû participer.

Il y avait assez d'argent pour que je subsiste plusieurs semaines, d'autant que Bev m'avait annoncé que je ne leur devrais rien pour mon séjour chez eux. J'eus les larmes aux yeux devant tant de gentillesse.

Deux mois plus tard, ma seconde fille naissait. Cette fois, j'accouchai à l'hôpital.

45

Bev s'était occupée de l'adoption pour moi, et avait choisi une agence. Le bébé pouvait partir dès sa naissance, m'expliqua-t-elle.

Mais cette idée me semblait insupportable, et je refusai de la prendre en compte.

— Je ne peux pas la donner comme ça, lui dis-je. Même les chatons et les chiots restent avec leur mère jusqu'à ce qu'ils soient sevrés !

— Mais, Marianne, ce sera encore plus dur pour toi, essaya-t-elle de me convaincre tandis que je trouvais toujours plus de raisons pour retarder l'adoption.

Je ne pouvais pas lui avouer que je savais qu'elle avait raison, et que je connaissais déjà ce sentiment. Pourtant, l'idée de donner mon bébé sans avoir appris à le connaître un peu me paraissait encore pire que ce que j'avais déjà traversé. Au moins avais-je l'image de ma première fille imprimée pour toujours dans un coin de ma tête.

Alors que si je donnais le bébé tout de suite, je ne le connaîtrais jamais.

Face à ma détresse croissante, Bev consentit finalement à ce que le bébé et moi restions chez eux, « mais seulement quelques semaines », stipula-t-elle fermement.

Quand le travail commença, ce fut Bev, et non ma mère, qui resta près de moi.

— Elle est si belle ! soupirai-je en la regardant pour la première fois.

— Oui, c'est vrai, approuva Bev.

Durant ces quelques jours passés à l'hôpital, je ressentis une forme de satisfaction. Une fois encore, j'avais un bébé qui s'ajustait parfaitement au creux de mon bras et se reposait sur mon épaule. Le monde extérieur, où les décisions étaient prises, semblait s'évanouir au point qu'il n'y avait plus que ma fille et moi, bien à l'abri dans notre petit univers à nous.

« Celle-là, je ne veux pas la perdre », me dis-je en la serrant fort contre moi.

La nuit suivante, je rêvai que le bébé et moi restions vivre chez Bev et Phil. Après tout, elle voulait un enfant, alors pourquoi pas le mien ? Pendant six semaines à nourrir et câliner mon deuxième enfant, je me raccrochai à ce rêve. Ayant perçu ce qui me passait par la tête, Bev me fit prendre conscience qu'il ne pourrait en être ainsi.

Elle m'expliqua qu'elle en avait discuté avec son mari.

— Marianne, si nous adoptions ton bébé, nous ne pourrions plus te voir. Non seulement tu ne pourrais plus rester chez nous, mais tu n'aurais même pas le droit de nous rendre visite. Comprends-tu pourquoi ?

Non, je ne comprenais pas.

J'adorais son intérieur, avec ses jolis meubles et son désordre. Un désordre qui n'avait rien à voir avec celui de chez mes parents, mais était fait de magazines éparpillés sur la table basse, ou de chaussures à talons jetées quelque part en rentrant d'une soirée, par exemple. Les livres étaient classés dans la bibliothèque, la vaisselle bien rangée dans les placards, et la seule odeur qui flottait dans le salon était un mélange de cuisine, de cire pour meubles et du parfum Yardley de Bev.

J'aimais aussi une sensation merveilleuse que je découvrais pour la première fois de mon existence : on prenait soin de moi. Au fil des mois auprès de Bev et de son mari, je sentais qu'elle incarnait pour moi non une figure maternelle, mais plutôt une grande sœur, et l'idée de perdre son soutien me faisait très peur.

Voyant les émotions conflictuelles qui s'affichaient sur mon visage, elle prit ma main et m'expliqua gentiment ce qui motivait sa décision.

— Nous voulons un bébé à nous, un qui n'ait eu que moi comme maman. Si nous adoptions le tien, ce ne serait pas possible, tu comprends ? Tu aurais envie de la voir si tu savais où elle était, et ce serait bien naturel, mais ça ne fonctionnerait pas. Ce ne serait pas bien pour le bébé non plus, toute cette confusion sur qui est sa vraie maman.

Je l'écoutai ensuite m'exposer que l'autre option, celle d'essayer de garder mon bébé toute seule, n'était ni réaliste ni juste. À l'époque de mes seize ans, il n'y avait pas d'allocation sociale pour les mères isolées, ni de logements d'État gratuits. Avoir un enfant illégitime était stigmatisant pour toute une vie. *A contrario*, je savais que les agences d'adoption s'assuraient que chaque bébé soit accueilli par des couples soigneusement choisis, qui leur fourniraient la meilleure éducation. On me l'avait déjà dit, et je voulais bien y croire, tout au fond de moi.

Bev m'assura que je pourrais rester avec eux après le départ du bébé. Elle me trouvait trop jeune et trop éprouvée par les récents événements pour vivre seule. Et son mari était d'accord.

Mais il y avait une condition à cela : je devais enclencher le processus d'adoption.

46

Je détestais être dans cet hôpital, entourée de parents comblés qui allaient rentrer chez eux avec leur bébé. Au foyer, toutes les filles étaient dans la même situation difficile, mais ici, j'étais la seule à ne pas être mariée et à avoir moins de vingt ans.

Dès que je le pus, je quittai donc l'hôpital, quelques jours après l'accouchement. Je savais bien que je souffrirais au moment de confier ma fille, mais je m'y sentais davantage préparée émotionnellement, et j'avais cette fois le soutien de Bev pour m'aider.

Je voulais juste passer quelques semaines avec elle pour remplir l'album de mon esprit de son image, de son odeur, de ses petits cris et de la façon dont elle me regardait.

Tout comme sa sœur, elle était d'une nature facile. Elle pleurait très peu, et gazouillait de contentement quand je la baignais et embrassais bruyamment son petit ventre. Ses doigts minuscules serraient les miens tandis que ses yeux me fixaient, et une fois de plus je répétais à mon enfant combien je l'aimais, au point d'accepter de la faire adopter afin qu'elle ait une meilleure vie auprès de parents qui pourraient tout lui offrir.

Le jour J arriva, mais cette fois sans l'intermédiaire

d'une assistante sociale. C'est un taxi qui vint nous chercher pour nous rendre à l'agence d'adoption.

Bev avait proposé de prendre un jour de congé pour m'accompagner, mais j'avais décliné son offre. Quelle que soit ma peine, je le faisais pour ma fille, et je voulais le faire seule.

Je lui avais acheté une ravissante petite robe avec des manches bouffantes et des rubans croisés au niveau du haut et des ourlets.

Là aussi, je voulais que sa nouvelle mère sache que je l'avais aimée. Si je ne connaissais rien d'autre des parents que le fait qu'ils étaient en mesure d'offrir le meilleur à un enfant, eux, en revanche, étaient informés de mon âge et de quelques éléments de ma situation. Cela devait suffire à leur faire comprendre pourquoi je ne pouvais pas la garder.

Arrivée là-bas, je gardai ma fille dans mes bras et respirai son odeur de bébé une dernière fois, avant de la passer à l'employée de l'agence.

Elle tendit les bras, et je vis que le vernis rouge de ses ongles était écaillé. Ce détail m'irrita, sans que je sache trop pourquoi. Puis je compris que c'était simplement parce que c'était elle qui tenait maintenant mon bébé, et que mes bras à moi étaient vides.

Je lui donnai tous les jouets et les vêtements que j'avais achetés et que l'on m'avait donnés.

— Ils lui rachèteront tout ce qu'il faut, me dit-elle avec désinvolture, mais en les prenant tout de même.

— Vous serez contactée dans quelques semaines, ajouta-t-elle pour clore l'entrevue. Il y aura les derniers formulaires à signer.

Puis elle quitta le bâtiment et emmena mon bébé jusqu'à sa voiture avant de disparaître. De retour de chez Bev, je me rendis à la cuisine, me fis une tasse de thé et m'assis sans la boire, une main posée sur cette zone de mon corps qui avait été grosse.

Cette fois, c'était bien plus que de la douleur que je ressentais, plus que de l'hébétude ou de la perte. C'était comme si une partie de moi, cette partie où deux bébés avaient vécu pendant neuf mois, venait de m'être dérobée, me laissant creuse et incomplète.

J'eus beau me dire que les larmes pourraient attendre, elles ne tardèrent pas à se montrer.

47

Je fus totalement inconsolable durant les semaines qui suivirent. Je ne voulais ni manger ni me laver ou m'habiller, et parvenais à peine à sortir du lit. En m'éveillant le matin, mes yeux se posaient à l'endroit où s'était trouvé le petit lit de Kathy, tout près du mien – espace désormais vide. Pendant la journée, le silence avait remplacé ses gazouillis.

Chaque fois que j'oubliais, ne serait-ce qu'une seconde, qu'elle n'était plus dans la pièce avec moi, il me fallait ensuite de nouveau affronter l'idée qu'elle était partie. Une immense lassitude plombait mes membres et engourdissait mon esprit, jusqu'à ce que mon corps entier soit ravagé par le sentiment de la perte de mon bébé.

Je ne parvenais pas à accepter l'idée que mes filles se trouvaient quelque part, peut-être à seulement quelques kilomètres d'ici, et que je ne les reverrai probablement jamais. Tout ce que je savais, c'est que je voulais être avec elles.

J'imaginais Sonia telle qu'elle devait être maintenant, une petite fille de deux ans qui commençait à parler, et appelait « maman » une femme que je n'avais jamais vue. Une autre image hantait mon esprit pendant cette période. Celle d'une femme dans une chambre aux tons pastel. Je visualisais un endroit à la lumière douce, où des voilages couleur crème s'agitaient doucement sous la petite brise qui soufflait par de grandes baies vitrées entrouvertes. Il y avait un lit pour bébé en osier blanc recouvert d'une couverture de laine blanche, à côté duquel une femme était assise dans un fauteuil de velours clair. Elle chantait une berceuse à ma plus jeune fille, dont elle tenait la petite silhouette dans ses bras.

Je cherchais désespérément le visage de mon bébé dans cette image, mais en vain. Je n'y voyais qu'un cercle vide.

Quand la peine devenait trop vive, je me réfugiais dans mon fantasme, un fantasme où j'avais un appartement et où je vivais avec mes deux filles.

Si seulement, me disais-je, je pouvais trouver un travail mieux payé, peut-être pourrais-je récupérer Kathy ? Après tout, je n'avais pas encore signé les formulaires définitifs. Et tant que ce ne serait pas fait, l'adoption n'était pas validée.

Quand Bev partait travailler, je me ruais sur les petites annonces locales d'offres d'emploi, et entourais au feutre rouge celles qui me semblaient intéressantes avant de les appeler.

Sans me laisser décourager par les questions récurrentes sur mon âge et mon expérience, je m'habituai à recevoir toujours les mêmes réponses : ils recherchaient quelqu'un de plus âgé, avec davantage d'expérience et de qualifications. Je continuai néanmoins d'appeler tous les annonceurs qui proposaient un salaire supérieur à celui de l'usine.

J'avais fait tous mes calculs sur un petit carnet. Mais j'eus beau les refaire encore et encore, quand je soustrayais le prix du loyer d'une chambre meublée et de ses dépenses afférentes au montant de mon revenu potentiel, il ne restait pas grand-chose pour la nourriture, et sûrement pas assez pour faire vivre deux enfants.

Bev me laissa tranquille pendant ces premières semaines, mais au bout de la sixième, elle vint s'asseoir près de moi et me passa une lettre de l'administration.

— Tu n'as pas signé les derniers documents, c'est ça ? me demanda-t-elle.

Coupable, j'approuvai d'un signe de tête.

— Écoute, Marianne, il faut lâcher prise, maintenant, me dit-elle. Je sais que je ne peux pas comprendre ce que tu ressens, mais tu veux que ta fille ait la meilleure vie possible, n'est-ce pas ?

— Oui, murmurai-je, ne voulant entendre ni ma propre réponse ni reconnaître qu'elle avait raison.

— Eh bien alors, il faut signer ces formulaires. Je sais de quoi tu rêves, Marianne, mais ça n'arrivera pas. Et pense à ce que vit cette autre pauvre femme, qui a attendu d'avoir un bébé, et qui peut lui donner ce que tu n'as malheureusement pas. Ce n'est pas juste envers elle, non plus, de la faire attendre comme ça, à s'inquiéter que tu puisses lui reprendre le bébé. Tu dois le savoir.

Pour la première fois depuis que je connaissais Bev, je perçus une forme de sévérité dans sa voix, tandis qu'elle continuait de m'expliquer qu'il était temps que je quitte le monde des rêves pour affronter la réalité. Je n'avais que seize ans, et toute la vie devant moi. Et j'avais fait de mon mieux pour mon enfant.

— Marianne, ajouta-t-elle, c'est très courageux, ce

que tu as fait. La plupart des filles qui font adopter leur bébé ne veulent même pas le voir après la naissance. Toi, tu as choisi de faire comme tu le voulais, mais tu t'es attachée et tu as rendu les choses encore plus difficiles.

Bien sûr, elle avait raison. Mais même moi, qui avais déjà traversé l'épreuve – fait qu'elle ignorait toujours –, je n'aurais jamais imaginé à quel point cela allait être dur.

— Bon, reprit-elle, j'ai parlé à la chef du personnel, à l'usine, en lui racontant un peu ce qui t'était arrivé. Elle m'a dit que tu pouvais aller la voir dès que tu serais prête, et qu'elle pourrait te redonner le poste que tu occupais avant. Alors, quand dois-je lui dire que tu viendras ?

— Après-demain, finis-je par concéder.

Elle comprit que cela signifiait que j'allais d'abord me rendre à la mairie pour signer les papiers qui m'y attendaient.

Sa voix se radoucit et elle me prit affectueusement le bras.

— Veux-tu que je vienne avec toi ? Je peux prendre un jour de congé.

Cette fois encore, je refusai. C'était la dernière chose que j'allais pouvoir faire pour Kathy, et je voulais la faire seule.

Ce matin-là, je pris un bain et m'habillai avec soin. J'enfilai des bas et le dernier ensemble que Bev m'avait fait avant que je ne devienne grosse. Une jupe et un chemisier blanc. J'avais perdu beaucoup de poids après la naissance, et je flottais désormais dedans.

J'utilisai une ceinture pour camoufler leur ampleur,

lavai et bouclai mes cheveux et me maquillai légèrement : j'étais prête pour la dernière étape. À seize ans, je venais de découvrir que le maquillage et de beaux habits peuvent donner l'image de qui nous voulons être et de ce que nous voulons inspirer à ceux que nous rencontrons.

Il y avait peu de distance à parcourir pour atteindre l'arrêt de bus, puis quelques minutes de route seulement, mais je n'ai aucun souvenir du trajet. Je me rappelle seulement avoir fermé la porte de chez Bev, puis direction la mairie. Bizarrement, je me souviens aussi du bruit que faisaient mes talons sur le sol carrelé, et je revois la femme d'âge moyen dans la salle où la lettre m'indiquait de me rendre. Elle me demanda le motif de ma présence.

Je lui répondis que j'étais venue signer les formulaires d'adoption.

— Ah, oui, dit-elle avec indifférence.

Elle fouilla dans un tiroir et me tendit les documents.

— Signez là, ajouta-t-elle d'une voix neutre en me passant un stylo.

« C'est tout ? » me demandai-je en le prenant. Cela n'impliquait donc rien de plus ? Juste moi, assise en face d'une personne indifférente, un minable crayon de plastique dans la main, en train de regarder les deux emplacements du formulaire qui attendaient ma signature ?

Je signai le document qui stipulait que je renonçais à tout droit sur mon enfant. Cela dura moins de trente secondes, en tout et pour tout.

— Merci, me dit la femme derrière son bureau en replaçant le papier dans son dossier.

Elle ne releva plus la tête, car son intérêt pour moi

était si mince qu'il avait dû disparaître à l'instant où elle avait rangé le dossier. Sans un mot de plus, je quittai les lieux.

Le jour suivant, j'étais de retour à l'usine pour reprendre mon ancien poste.

48

Je repris la lettre et la caressai du bout des doigts. Après l'avoir lue pour la première fois, pendant quelques instants, je m'étais demandé si je pourrais encore garder le secret, car c'était Kathy, ma seconde fille, qui avait écrit.

« Tu mérites la vérité, me dis-je. Tu as le droit de connaître l'existence de ta sœur, et si tu m'as trouvée, toi, peut-être le fera-t-elle aussi. Si nous nous rencontrons, toute la vérité doit être dite. »

Ce jour-là, je me mis à parler à ma grande fille comme si elle était assise près de moi sur le canapé.

« Je ne pense pas être capable de te dire que ton père était un garçon qui s'est enfui à Londres, dis-je en direction de l'espace vide à côté de moi. Tu voudras connaître son nom, savoir où il vivait et où il travaillait, parce que tu souhaiteras le retrouver aussi, n'est-ce pas ? Je ne pourrai pas non plus te dire que je ne sais pas qui est le père de ta sœur. Tu ne me croirais pas, mais aurais-je envie de raconter une telle histoire à mes filles, de toute manière ? »

Je songeai une fois de plus au mensonge de mes treize ans, et aux conséquences qui s'ensuivirent. Perdue dans ces pensées, mes yeux tombèrent sur la photo encadrée posée sur la cheminée. Elle datait de quelques mois seulement, et nous représentait, mon mari et moi. Nous avions pris quatre jours de vacances au Lake District pour fêter notre anniversaire de mariage. Il avait tout préparé en cachette pour me faire la surprise. Quand tout fut prêt, avec un sourire radieux, il m'avait offert les billets pour un circuit en car et séjour en hôtel quatre étoiles. Un autre voyageur du groupe nous avait photographiés, et je l'avais fait encadrer à notre retour.

Du haut de son mètre quatre-vingt quinze, il était toujours si attentif à ne pas donner l'impression d'écraser mon petit mètre cinquante-deux. Son bras était posé légèrement autour de mes épaules, tandis que je levais la tête pour le regarder avec un sourire plein d'amour, de confiance et de bonheur. Tandis que je regardais cette image, un autre visage se superposa au mien adulte : celui d'une préadolescente dont les yeux pleins de désespoir et d'impuissance me regardaient fixement. Je vis clairement l'enfant que j'avais été, une enfant seule et apeurée – les deux ingrédients qui avaient fait de moi un être vulnérable. Je frissonnai et revins à des souvenirs plus heureux.

Depuis mon retour au travail, de nombreuses filles originaires de Londres étaient venues à l'usine.

Si elles savaient des choses sur moi, je n'en entendis jamais parler. Elles étaient bien trop préoccupées par les prochains vêtements qu'elles voulaient acheter, et de savoir quelle boîte de nuit était susceptible d'abriter le plus de beaux garçons. Quelques-unes d'entre elles m'avaient proposé de me joindre à leur table pour le bal de fin d'année de l'entreprise.

— Allez, Marianne, me dit Bev, me voyant sur le

point de refuser. Ce serait bien que tu te refasses des amis. Tu sais quoi ? Je vais te faire une nouvelle tenue. J'ai un super tissu ; un peu de maquillage avec ça, et tu ne devrais pas avoir de mal à faire tourner quelques têtes.

La machine à coudre fut posée sur la table, et du matériel étalé un peu partout autour, comme au bon vieux temps. Concentrée sur son ouvrage, Bev coupait et épinglait. La radio diffusait le dernier air à la mode, et elle fredonnait bouche fermée, les lèvres serrées sur quelques épingles. Je la regardai transformer ce tissu de coton en un vêtement stylé, conçu spécialement pour moi.

— Il était temps que tu aies quelque chose de neuf et de joli, dit-elle en découpant et en cousant une robe évasée à col carré.

Un minibus vint nous chercher ce soir-là. Il était déjà à moitié rempli de filles bien excitées et habillées à la dernière mode. En montant dans le véhicule, je me sentis pleine de reconnaissance pour l'initiative de Bev, car ma robe était aussi belle que les leurs, et je me sentis soudain plus détendue. Je m'installai sur mon siège et respirai l'atmosphère. L'air était saturé de différents parfums, auxquels s'ajouta dans un « pschiiiit », comme nous arrivions, un nuage de laque vaporisé sur l'arrière d'une coiffure crêpée. Nous formions déjà habituellement un groupe assez bruyant, mais avec toute l'excitation due à la perspective de cette soirée, le niveau sonore avait monté de plusieurs crans, rempli par les rires, les blagues et les joyeux bavardages des filles.

Arrivées à destination, nous sautâmes hors du bus en attrapant nos sacs à main, mais c'est d'une démarche nonchalante que nous poussâmes ensuite les portes de l'hôtel où la soirée avait lieu.

Un serveur me mit une boisson aux couleurs vives entre les mains dès que j'arrivai. Je m'en délectai par petites gorgées, et sentis que ma nervosité s'atténuait peu à peu.

Le groupe se dirigea vers la salle de bal, où de longues tablées étaient installées pour le dîner. Tout au fond de la salle, un grand espace et une scène avaient été aménagés pour que nous puissions danser après le repas. Un groupe de musique ferait l'animation.

À peine avais-je avalé la dernière bouchée de mon dîner qu'une des filles se pencha vers moi au-dessus de la table.

— Hé ! Marianne, tu sais qu'ils ont donné nos noms pour participer au concours de « la Reine de l'entreprise » ?

Je fis des yeux ronds et regardai Bev, non loin de moi.

— Ce n'est pas ma faute ! dit-elle en riant. Ce sont les gars qui t'ont inscrite, moi, je n'y suis pour rien !

On remplit de nouveau mon verre, et je l'engloutis nerveusement. La simple idée de devoir défiler sur une piste sous les yeux de tous me donnait l'envie de me ruer vers la première sortie de secours.

Mais je savais aussi que je n'avais pas le choix. Les onze autres filles qui avaient été choisies formaient déjà une farandole, et l'une d'elles me saisit la main et m'entraîna dans leur course.

— Viens, ma belle, me dit une jolie blonde, c'est le moment de se lâcher !

Je la regardai se lancer sur la piste en se déhanchant sous un tonnerre d'applaudissements. Ce fut ensuite mon tour, et je traversai la piste aussi vite que possible, espérant ne pas être rouge comme une tomate. À mon grand étonnement, il y eut encore plus d'ovations pour moi qu'au tour d'avant.

La jolie blonde remporta le premier prix, et moi le second. Je sentis mes joues virer au rose fuchsia quand on me passa le ruban autour du cou, sous les applaudissements de tous.

Des garçons venaient me voir pour m'inviter à danser, et quand le groupe commença à jouer, je me lançai avec quelques collègues que je connaissais.

Ce n'est qu'en toute fin de soirée que je remarquai deux garçons, plus vieux que ceux de notre groupe, qui étaient assis à une table à regarder les autres danser. Quelque chose d'étrange se produisit alors : une petite voix en moi me souffla : « Invite-le à danser ! » Nul besoin que la voix me précise duquel des deux il s'agissait – le brun qui ressemblait à Simon Templar, l'acteur de la série télé *Le Saint*.

« Laisse tomber », répondis-je à la voix, mais elle persista. Et j'eus soudain l'impression que quelqu'un d'autre, une fille audacieuse que je ne connaissais pas, s'était glissée dans mon corps. Car l'instant d'après, j'étais en face d'eux, en train de sourire au brun et de lui demander : « Voudriez-vous danser ? »

— Vous avez un très joli sourire, me dit-il.

Je le vis ensuite chuchoter quelque chose à son ami, et me sentis rougir d'embarras. J'appris plus tard ce qu'il avait dit : « Regarde bien son visage quand je vais me lever. »

Il me sourit.

— OK, allons-y. En piste !

Il se déplia alors de sa chaise, et je me rendis compte que je ne lui arrivais guère plus haut que la taille.

— Vous pourrez toujours me marcher sur les pieds si on n'y arrive pas, me dit-il gaiement.

Je levai la tête et découvris un immense sourire.

Je lui dis mon nom, et lui le sien – Bob.

Il me demanda quel âge j'avais.

— Dix-sept ans, lui répondis-je.

Il reconnut en avoir huit de plus.

Il me reconduisit à la maison ce soir-là, et le lendemain, un dimanche après-midi, nous sortîmes nous balader. Je ne me souviens plus de l'endroit où nous sommes allés, seulement que nous n'avons fait que parler, et que nous nous entendions si bien que j'avais l'impression de le connaître depuis toujours.

Bev et Phil étaient présents lorsqu'il téléphona, et je savais qu'ils se montraient attentifs à la situation, car ils étaient toujours très protecteurs envers moi.

« Il va falloir que je te fasse d'autres tenues, que tu aies du rechange, me dit-elle avec un sourire quand je rentrai pour dîner ce premier dimanche. Enfin, si tu continues de sortir régulièrement, je veux dire. »

Pendant que nous faisions la vaisselle après le repas, Bev me confia qu'elle et Phil trouvaient Bob très gentil. Mais ni Bev ni moi n'évoquâmes la question épineuse qui n'était jamais loin dans mon esprit.

Tôt ou tard, je devrais parler à Bob de Kathy, et je redoutais ce moment. C'était le seul nuage dans le ciel de ces premières semaines. Que ressentirait-il en apprenant l'existence de ce bébé ? Chaque fois que je le voyais, mes bonnes résolutions s'effondraient. J'étais si heureuse d'être avec lui que j'étais terrifiée à l'idée de tout gâcher. Je savais qu'il m'aimait beaucoup, et il me traitait comme une fleur délicate. Que dirait-il ? Que ferait-il ?

Un soir que nous étions au pub, j'avalai d'une traite mon gin-tonic, et avant qu'il ait eu le temps de reposer sa pinte, je lui déclarai que je voulais lui parler dans la voiture. Il prit un air soucieux, et je lui expliquai que j'avais quelque chose d'important à lui dire.

J'avais décidé de m'en tenir à la même version que celle que j'avais donnée à Bev, celle du petit ami envolé pour Londres.

— Je sais, dit Bob après que j'eus rassemblé mon courage pour tout lui déballer. Je le sais depuis la deuxième fois où on est sortis tous les deux. Ça cause aussi, les mecs, tu sais, Marianne.

Il savait également que je lui en parlerais lorsque je serais prête, et avait attendu patiemment que ce moment arrive. Il prit mes petites mains dans les siennes, les caressa et me parla en me regardant dans les yeux. Tout le monde avait droit à une erreur. Il en connaissait assez sur moi pour savoir qu'il voulait m'épouser. Il avait envie de prendre soin de moi. Il n'ignorait pas comment mes parents avaient réagi à l'annonce de ma grossesse, et me dit qu'il ne laisserait plus jamais personne me faire de mal. Il pensait que c'était une bonne chose que le garçon qui m'avait fait ce bébé soit parti, parce que s'il pouvait lui mettre la main dessus, il serait capable de le tuer. Après tout, je n'avais pas encore l'âge, non ? Une jeune vierge naïve qui avait été abusée, voilà comment Bob me voyait.

Mais le mot qui résonna plus fort que tous les autres ce jour-là était celui-ci : « m'épouser ».

— M'épouser ? répétai-je, peut-être un peu hésitante à son goût.

— Eh bien, Marianne, peut-être ai-je été un peu prétentieux, mais je me suis dit que tu avais quelques sentiments pour moi..., répondit-il.

Je ne pus que bégayer un faible « oui », alors que je ressentais un immense : « Oui, je le veux, oui, je veux t'épouser ! »

Il voulait que je rencontre ses parents, qui allaient m'adorer, il en était sûr.

Puis il me dit une chose que je n'avais pas envie d'entendre : il souhaitait rencontrer les miens.

J'étais sur un petit nuage en rentrant chez moi, ce soir-là. Alors que j'étais dans mon lit, les couvertures remontées sous le menton, j'entendis sa voix dire ces mots : « une erreur ».

C'est à ce moment-là que je décidai que cette erreur serait la seule dont il entendrait parler.

49

Je savais que Bob avait eu vent de l'alcoolisme de mon père et de son tempérament, mais ce qui m'inquiétait le plus, c'était ce qu'il allait penser de la maison où j'avais grandi.

Je retournai d'abord seule voir ma mère pour la première fois depuis que mon père m'avait jetée dehors, en choisissant soigneusement un moment où il ne serait pas là.

Elle me dit qu'elle avait appris que je fréquentais quelqu'un, et qu'elle était heureuse pour moi. J'ignorais d'où elle tenait cette information, et supposai qu'elle devait provenir de mon père, qui buvait dans le même pub que certains employés de l'usine.

Je lui avouai que Bob connaissait l'existence de Kathy, ce qui ne l'avait pas empêché de me demander en mariage. Et, enfin, qu'il souhaitait les rencontrer.

— Et l'autre ? me demanda ma mère. Il est au courant, pour ton autre bébé ?

Je secouai la tête négativement.

— S'il te plaît, maman, la priai-je, ne me demande pas de lui parler de ça.

Je la regardai au fond des yeux et soutins son regard.

— S'il en entendait parler, il voudrait savoir qui est

le père, et il me connaît trop bien pour croire qu'à cet âge je couchais déjà au point de ne pas savoir avec qui. En plus, comme je n'avais que treize ans, il exigera de connaître le nom.

Ma mère baissa les yeux, soupira et me dit simplement de venir avec Bob samedi après-midi.

— Viens avant que ton père n'ait le temps de partir au pub, précisa-t-elle.

J'avais envie de parler à Bob du premier bébé, de démarrer ma vie de mariage sans secrets entre nous. Mais les mots « une erreur » me revenaient sans cesse en mémoire. C'est alors que se produisit un événement qui allait me décider.

L'homme d'à côté se présenta à la maison de Bev, alors qu'elle et son mari étaient au travail. J'étais donc seule.

Lorsque j'ouvris la porte, je vis un homme que je ne reconnus pas pendant un quart de seconde. Il était de taille moyenne, plus maigre que mince, et vêtu d'habits usés – une veste lustrée, une cravate étroitement nouée sous un col élimé, et un pantalon déformé aux genoux. Ses cheveux poivre et sel étaient plaqués en arrière, et son regard ajoutait à l'air miteux qu'il dégageait globalement en scrutant furtivement par-dessus mon épaule pour tenter de voir l'intérieur de la maison.

C'est son odeur que je reconnus en premier : un mélange d'essence, d'huile pour cheveux et de cigarette.

— Bonjour, petite Lady, me dit-il. Tu ne me fais pas entrer ?

J'avais envie de lui claquer la porte au nez. Qu'il disparaisse et sorte de ma vie à tout jamais.

Lisant cela sur mon visage, il mit son pied en travers de la porte et sourit d'un air suffisant.

— Allons, Marianne, pas la peine de faire parler les voisins, n'est-ce pas ? Pas quand on est devenue si respectable, et tout et tout ? Alors laisse-moi plutôt entrer, d'accord ?

Je songeai d'abord à refuser, puis une autre idée me vint, une idée qui pourrait définitivement lui passer l'envie de me revoir. L'esprit en ébullition, je pris une profonde respiration, et fis un pas de côté.

— Qu'est-ce que tu veux ? lui demandai-je dès que la porte fut close, même si je connaissais déjà la réponse. Seule une chose pouvait l'avoir conduit jusqu'à ma porte – il voulait ce qu'il avait toujours voulu.

Mais je n'étais plus la gamine terrorisée que j'avais autrefois été.

— J'ai entendu dire que tu allais te marier. Je suis heureux pour toi. Je voulais te voir pour te féliciter.

Il tendit alors les bras pour m'enlacer. Je fis un bond en arrière pour l'éviter.

— Que se passe-t-il ? Tu ne veux pas embrasser ton vieil ami ? Ne me dis pas que tu m'as déjà oublié ?

Complètement crispée, je lui dis que je voulais qu'il parte et que Bev allait rentrer d'une minute à l'autre.

— Ne fais pas l'idiote, Marianne, tu n'as jamais su mentir, répondit-il. Je sais qu'elle est en horaires du matin, et qu'elle ne rentrera pas avant midi.

Il jeta un regard alentour et avança tranquillement jusqu'au salon pour prendre place sur le canapé.

— Je veux juste discuter un peu, dit-il tandis que je le regardais, dans tous mes états.

Il scrutait la pièce dans ses moindres détails.

— Tu es bien installée, là, dis-moi.

Je ne répondis pas, attendant qu'il en vienne aux faits.

— Donc, ton amie te connaît bien, maintenant, n'est-ce pas ? Elle est au courant pour les bébés ? dit-il sur le même ton que celui qu'il employait pour me faire croire qu'il était le seul à pouvoir me protéger.

— Bien sûr qu'elle est au courant pour Kathy, lui dis-je sèchement, puisque j'habitais chez elle.

— Je me demande quelle histoire tu as bien pu lui raconter – sûrement pas la vérité ? enchaîna-t-il avec un sourire plein de sous-entendus. À propos, ta petite sœur devient une petite fille tout à fait charmante.

Je le regardai avec haine, et des vagues de dégoût mêlées de rage commencèrent à m'envahir.

— Je parie que ce grand échalas avec qui tu veux te marier ne sait pas tout de toi, lui. Que tu ne te rappelles même pas du temps où tu étais vierge, par exemple.

Sachant que ces mots me toucheraient en plein cœur, il eut un petit rire moqueur.

— Je vais te dire une chose, Marianne : si tu es gentille avec moi, je ne dirai rien pour l'autre bébé, ni l'âge que tu avais.

Ses mains étaient posées sur ses cuisses, et son visage avait le masque d'un prédateur. C'est alors que la colère balaya d'un coup toute la peur de lui que j'avais emmagasinée depuis mon enfance.

— Là, tu te trompes, mentis-je en essayant d'avoir l'air aussi sûre de moi que possible. Bob est au courant, je te signale. Et tu sais ce qu'il a dit ? Il a dit que le fait que je n'étais qu'une gosse à ce moment-là ne changeait rien pour lui. Par contre, c'est vrai, je lui ai fait quelques mensonges : j'ai prétendu que le premier était un garçon plus vieux que moi à l'école, et que le second était mon petit ami de l'époque. Et tu sais ce que Bob m'a dit après ça ?

Le petit homme miteux assis sur le canapé ne répondit pas. Il semblait avoir perdu l'usage de la parole, et c'est avec un sentiment proche du triomphe que j'apportai la réponse à ma question.

— Il a dit qu'il préférait ne pas connaître leurs noms, parce que dans ce cas il ne répondrait plus de ses actes, surtout envers celui qui m'avait engrossée à seulement treize ans. Voilà, c'est le seul secret entre Bob et moi : ton nom. Alors si tu tiens à ta peau, c'est un secret que tu devrais plutôt apprécier que je garde pour moi.

Mon corps entier tremblait de rage tandis que je crachais ces mots, et, à ma grande satisfaction, je vis qu'ils avaient atteint leur but. Rien qu'à mon visage, il constatait qu'il n'avait plus aucun pouvoir sur moi.

— Oh ! et au cas où l'idée te passerait par la tête, il ne vaudrait mieux pas que j'apprenne que tu deviens copain avec ma petite sœur ! Ça aussi, ça pourrait me donner l'envie de me rappeler ton nom.

Il me regarda brièvement, et je le fixai droit dans les yeux, le menton dressé. Sans un mot, il se leva alors et sortit. Je me souviens m'être appuyée contre la porte après son départ, endurant des vagues de nausée avant de réaliser vraiment que, cette fois, c'est moi qui avais gagné.

Ce fut la dernière fois que j'adressai la parole à l'homme d'à côté.

50

J'informai Bob que j'avais vu ma mère, et que nous étions les bienvenus le samedi suivant. Il me fit un grand sourire.

— Bravo, Marianne. Maintenant, je voudrais que tu poses un congé ce vendredi, et que tu ne prévoies rien d'autre ce week-end. J'ai prévu une petite surprise.

— Quoi ? demandai-je, car je n'aimais pas l'imprévu et je ne voulais pas perdre un jour de paye si ce n'était pas important.

Pour toute réponse, j'eus droit à un sourire malicieux et à la consigne de me montrer patiente, car je saurais tout bien assez vite.

— Fais juste en sorte d'être prête à neuf heures tapantes, parçe qu'on part à Londres, se contenta-t-il d'ajouter.

Même si Londres n'était pas bien loin, je m'y rendais rarement, et cette perspective me remplissait d'excitation.

Le vendredi matin, j'étais levée, habillée et prête à partir avant même que Bev et Phil ne se réveillent. Quelque chose me disait que, quoi que Bob ait pu prévoir, ça allait être exceptionnel. Nous fîmes une partie de la route en voiture, avant de nous garer dans un parking souterrain pour prendre le métro jusqu'à Londres. C'était la fin de l'heure de pointe, mais je gardais la main de Bob bien serrée dans la mienne tandis que nous progressions dans la foule. Une heure et un changement de ligne plus tard, nous arrivâmes à Hatton Garden.

— Tu n'es jamais venue ici ? me demanda Bob.

Je lui répondis que je ne savais même pas où nous étions, ce qui le fit rire. Il prit mon bras jusqu'à ce que nous atteignions un petit magasin. Là, il sonna à la porte, et un vieil homme en costume noir vint nous ouvrir.

— Si on doit rencontrer ce fameux papa demain, je me suis dit qu'il valait mieux qu'on ait quelque chose à lui montrer, pas vrai ? dit-il en me laissant passer devant lui.

Je me souviens ensuite d'avoir vu des plateaux pleins de bagues scintillantes placés devant moi.

J'étais sans voix. Je n'avais jamais pensé à une bague jusqu'alors. Le simple fait que Bob veuille m'épouser était déjà au-delà de mes rêves.

J'en essayai plusieurs, toutes plus belles les unes que les autres. Mes yeux se posèrent sur un modèle en particulier : c'était un simple anneau doré avec un petit bouquet de diamants. Je le passai à mon doigt, mais fus très déçue de m'apercevoir qu'il était trop grand pour moi.

— Si c'est celle que vous voulez, nous pouvons la rétrécir, m'assura le joaillier en souriant, et je sentis à mon tour un immense sourire fendre mon visage comme il nous informait que la bague pourrait être prête dans une heure.

— Parfait, me dit Bob, profitons-en pour faire un tour en ville, puis nous reviendrons la chercher.

Nous partîmes nous promener dans les rues, admirant les magnifiques églises anciennes du quartier. J'avais l'impression de flotter dans les airs tant j'étais heureuse. Nous revînmes au magasin une heure plus tard, et j'essayai de nouveau la bague : elle était parfaite pour ma petite main.

— Non, non, pas maintenant ! me dit Bob en riant et en remettant la bague dans son écrin de velours, puis dans sa poche.

Nous dénichâmes ensuite un petit restaurant chinois fort sympathique dans les environs pour le déjeuner. C'est alors que Bob sortit la bague de sa boîte et me la glissa solennellement au doigt. J'en aurais explosé de bonheur.

— On va chez mes parents, ce soir. Ils veulent fêter ça avec nous.

J'eus une petite appréhension à l'idée de revoir ces gens si bien élevés, que je n'avais rencontrés qu'une fois auparavant. Je pensai à la belle maison où Bob avait grandi, à tous ces beaux meubles, ces portraits de famille dans des cadres argentés sur la cheminée, aux paysages d'aquarelle accrochés aux murs, aux étagères pleines de livres... puis à la maison de mes parents.

Comme s'il avait lu dans mes pensées, Bob serra ma main.

— C'est avec toi que je me marie, Marianne, dit-il, et ma mère est ravie que je sorte de ses jupons pour m'installer. Alors arrête de t'inquiéter.

Il avait raison. Ses parents nous accueillirent sur le perron avec des sourires radieux, et ma bague de fiançailles fit l'admiration de tous. Le père de Bob secoua la tête d'un air formel, mais sa mère me prit dans ses bras et embrassa fièrement son fils.

Elle m'embrassa ensuite chaleureusement sur les joues et versa une petite larme tandis que son père ouvrait le champagne pour boire à notre avenir. Nous eûmes droit à un petit speech assez cérémonieux, exprimant leur joie à m'accueillir au sein de leur famille.

Cette nuit-là, je ne pus trouver le sommeil tant j'étais excitée par tous ces événements. « S'il vous plaît, priai-je, si Dieu existe et que vous m'entendez, faites que rien ne vienne gâcher ce bonheur. »

Le lendemain était samedi, jour du rendez-vous chez mes parents. Pendant le trajet, je tripotais nerveusement ma bague. Si Bob le remarqua, il ne fit aucun commentaire. Il continua de me parler de l'endroit où nous allions vivre quand nous serions mariés.

— Mieux vaut acheter que louer, dit-il.

Heureuse d'être toujours d'accord avec lui, j'acquiesçai.

Nous arrivâmes chez mes parents un peu trop vite à mon goût. J'avais une boule dans l'estomac en me remémorant la dernière fois que j'avais vu mon père. Comment allait-il nous accueillir ? Je me demandais comment il allait se comporter envers Bob.

— Entrez, entrez ! dit-il comme nous arrivions.

Je remarquai qu'il avait déjà bu quelques verres, suffisamment pour le rendre plus jovial qu'à jeun, mais pas assez pour qu'il devienne imprévisible.

— On ne va quand même pas boire de ce fichu thé quand ma fille nous fait l'honneur d'une visite, dit-il en sortant deux bouteilles de bière pour lui et Bob.

Il remplit ensuite deux verres de porto pour ma mère

et moi. Mon père se déclara heureux pour nous et admira la bague – même si je savais qu'il devait songer à son prix plutôt qu'à l'effet qu'elle produisait sur mon doigt. Ma mère montra peu d'émotion et exprima brièvement son approbation, mais je pouvais sentir sa nervosité.

— Où sont les enfants ? demandai-je.

On me répondit que les plus grands étaient chez des amis, et le plus jeune chez Dora.

Soudain, mon père me dévisagea, et je vis la bonne humeur disparaître de son visage. Je me préparai à affronter le pire.

— Alors, Marianne, qu'as-tu dit à ton prétendant au sujet du bébé ?

Il y eut un silence, et j'eus la pensée furtive de mon père parlant à Bob de mes deux filles, suivie de celle de Bob me demandant de lui rendre sa bague. Mais il prit alors la parole avec calme et fermeté.

— Écoutez, dit-il. Je veux que ce soit bien clair pour vous. Le passé de Marianne ne m'intéresse pas. La seule chose qui nous importe, c'est notre futur ensemble. Elle est la femme que j'aime, je veux l'épouser, et nous le ferons avec ou sans votre bénédiction. Sachez que j'ai l'intention de la chérir et de prendre soin d'elle pour le reste de ma vie.

Il se leva, déployant toute sa hauteur, et vint me rejoindre pour placer son bras protecteur contre ma poitrine, en regardant mon père sans sourire.

— Vous n'avez donc ni à vous inquiéter pour elle, et il fit une pause pour donner plus d'impact à ses prochains mots, ni à remettre jamais ce sujet sur le tapis.

En entendant ces mots, des larmes d'amour et de peur me montèrent aux yeux. Ô mon Dieu, pensais-je, que va dire papa, maintenant ? Mais mon père ne dit rien, pas plus qu'il ne s'y risqua par le futur. Je me tournai vers Bob, le regardai et lui articulai un « merci » silencieux.

Ce fut la dernière fois que mon passé était évoqué.

Huit mois plus tard, nous étions mariés.

51

Quelques semaines après notre excursion à Hatton Garden et nos fiançailles officielles, Bob me dit qu'il avait une autre surprise pour moi. Un soir, après le travail, il m'embarqua dans sa voiture et me conduisit jusqu'à une rue que je ne connaissais pas.

Il s'arrêta devant un pavillon dans le jardin duquel était planté un panneau « À vendre ».

Je le regardai d'un air entendu, et il m'expliqua qu'il avait fait une offre d'achat, et n'attendait plus que mon accord. Il ne conclurait l'affaire que si j'étais sûre que cette maison me plaisait.

« Il y a quelques travaux à faire, me dit-il, mais nous pourrions nous y mettre pendant les week-ends. Ce serait amusant de faire de la peinture et de tout redécorer ensemble. Je ne suis pas mauvais bricoleur, je pourrais même fabriquer des rangements et installer une nouvelle cuisine, si tu veux. »

En découvrant les pièces, je les imaginais peintes de couleurs claires ou vives, avec de beaux rideaux aux fenêtres, que Bev pourrait me faire.

Dès que nous eûmes les clés, nous passâmes presque toutes nos soirées à y travailler. Bob s'occupait du gros œuvre, comme la menuiserie, tandis que je l'aidais à peindre les murs et à préparer les sols avant de poser de beaux parquets. Nous avions décidé que notre maison serait le lieu de notre lune de miel, et nous voulions que tout soit prêt pour y emménager lorsque nous serions mariés.

Bob m'expliqua qu'il avait horreur des crédits, et qu'à part l'emprunt pour la maison, il ne voulait pas commencer sa vie de couple avec des dettes. Étant donné que nous allions financer nous-mêmes notre mariage, nous décidâmes de le faire uniquement à la mairie sans passer par l'église.

Ses parents étaient un peu déçus à l'idée qu'il n'y aurait pas de grand mariage religieux, mais ils comprirent que ma famille n'était pas en position de nous l'offrir. Ils proposèrent de rompre avec la tradition, mais Bob et moi restâmes inflexibles sur le fait que nous souhaitions tout payer nous-mêmes.

Après tout, nous avions tous deux un emploi. Une fois tout cela mis au clair, sa mère nous dit en riant qu'elle avait au moins eu la bonne idée de semer des graines d'œillets lorsque nous lui avions dit vouloir nous marier, et qu'ils auraient probablement assez poussé d'ici là pour venir orner les boutonnières.

Son père, lui, nous mentionna simplement qu'il savait quoi faire de ses prochains week-ends, et qu'il allait relever ses manches pour nous aider à ce que la maison soit prête pour le mariage.

Nous achetâmes des meubles à monter soi-même, et nous y attelâmes tous les week-ends. De nouvelles portes de placards, d'un blanc brillant, vinrent remplacer les anciennes vertes sur les éléments de cuisine. On posa un beau carrelage blanc dans la salle de bains, et la machine à coudre de Bev fut réquisitionnée pour nous faire des rideaux assortis à chaque pièce. « Cadeau de mariage ! », nous dit-elle alors que nous la remerciions. Je fus chargée de choisir les tissus et la peinture pour notre chambre à coucher. J'avais dit à Bob que quand je vivais chez mes parents, j'avais toujours rêvé d'avoir une chambre à moi. « Choisis exactement ce dont tu as envie, Marianne. J'espère juste que tu m'autoriseras quand même à la partager avec toi ! » me dit-il en riant – et je rougis en pensant à notre nuit de noces.

Je choisis une peinture crème pour les murs, des rideaux bleu clair, et je pris sur mes économies pour me rendre au tout nouveau magasin Habitat de Londres, où j'achetai une couette et une parure de draps avec taies d'oreillers bleu et jaune.

Ce serait la touche finale à notre jolie chambre, pour habiller le nouveau lit deux places en pin offert par les parents de Bob en cadeau de mariage.

Les semaines de travaux et d'aménagements passèrent à une allure folle. Noël arriva, et il était déjà temps de boucler les préparatifs du mariage.

La nièce de Bob et ma sœur étaient demoiselles d'honneur, et la machine à coudre de Bev fut une fois de plus sollicitée pour leur confectionner de petites robes en velours bleu avec un col de fourrure blanche.

J'avais déjà fait les magasins en quête de ma tenue, et avais fini par trouver ce qu'il me fallait : une robe crème à hauteur de genoux, et une veste blanche toute douce.

Finalement, au milieu du mois de février, le grand jour arriva. J'étais debout avant l'aube pour me préparer. Je me maquillai soigneusement avec l'aide de Bev, et l'on retira ensuite les bigoudis de mes cheveux, que j'avais lavés la veille au soir.

J'enfilai ma robe avec précaution, et Bev épingla une grosse fleur blanche dans mes cheveux. Il ne me restait plus qu'à chausser mes escarpins blancs à talons hauts, et j'étais prête.

Bob et moi devions nous rendre à la mairie dans la même voiture. « C'est le jour où nous allons entamer notre trajet commun dans la vie, m'avait-il dit, alors autant le commencer comme on a l'intention de le vivre : ensemble ! »

Lorsque la voiture arriva, Bob en sortit pour m'aider à y monter. Je fus immédiatement émue par sa beauté, avec ses cheveux bruns plaqués en arrière et ses larges épaules qui remplissaient si bien son costume.

Je tins mon petit bouquet de fleurs blanches d'une main tremblante tout le long du trajet jusqu'à la mairie, parvenant à peine à croire que ce jour était enfin arrivé.

Le jour de mon mariage est désormais un kaléidoscope de souvenirs heureux, où j'étais si bouleversée que je me rappelais à peine mon nom, et où des gens m'embrassaient tandis que Bob m'appelait Mme Marsh.

Nous avons quitté la mairie main dans la main en riant, et en courant plus qu'en marchant sous une pluie de confettis pour atteindre les voitures. Les parents de Bob avaient réservé un restaurant où ils invitèrent à déjeuner tout le petit groupe présent à la mairie.

Je constatai avec satisfaction que mes parents avaient fait un effort de présentation pour cette journée. Ma mère avait un beau chignon et une nouvelle robe, et mon père portait une chemise blanche sous une veste de costume un peu juste pour lui.

Je ne me souviens plus du menu de ce déjeuner. Je me rappelle seulement qu'il y avait du champagne, des discours, et que chacun riait des blagues des témoins. Ce fut ensuite terminé, et chacun rentra chez soi.

Les amis avaient organisé un buffet pour le soir pendant que nous étions à la mairie, puis au déjeuner. Tout ce que j'avais à faire, c'était de me changer et descendre à la fête, qui commencerait dès que le premier convive viendrait sonner à la porte. Ils arrivèrent tous les bras chargés de cadeaux, jusqu'à ce que la chambre d'amis soit suffisamment remplie pour que je sois assurée de ne pas avoir à acheter de porcelaine, de casseroles ou de serviettes de toilette pour une bonne partie de ma vie.

On fit tourner la platine : le dernier tube d'Elvis, *It's now or never*, fut suivi par les rythmes plus endiablés d'un nouveau groupe, les Rolling Stones. Les disques s'enchaînèrent au fil de la soirée, puis Bob m'invita à danser sur la chanson de Franck Sinatra *The Last Dance*.

Dès lors, nos amis commencèrent à partir, jusqu'à ce qu'il ne reste plus que nous deux dans notre nouvelle maison. Le feu crépitait et les rideaux étaient tirés, nous protégeant du monde. Comme Bob l'avait dit, c'était le début de notre trajet commun dans la vie.

Au fil des ans, notre mariage devint un partenariat où chaque décision était prise conjointement, où nous passions nos vacances ensemble, et, quand nos deux fils arrivèrent, où l'éducation et les soins aux enfants étaient également partagés.

C'était un mariage parfait, basé sur la confiance. Confiance uniquement entachée pour moi par le secret que je gardais depuis tant d'années. À chaque Noël, quand je regardais les visages heureux de mes deux fils, je me rappelais cet autre Noël où un groupe de filles s'était assis avec leurs bébés en essayant de faire comme si elles constituaient une famille.

Tant de fois j'avais voulu le dire à Bob, mais je n'avais jamais trouvé le courage de lui avouer que je n'avais pas commis qu'une erreur.

« Et voilà que tu m'écris », dis-je à la présence invisible de ma fille.

Lorsque la loi avait changé, permettant désormais aux enfants adoptés de rechercher leurs parents après leurs dix-huit ans, je sus que ce moment pourrait alors survenir n'importe quand.

Et, en murmurant ces mots dans mon salon vide, je sus que j'avais atteint le jour où la décision sur ce que j'avais à faire ne pouvait plus être retardée. Je songeai à toutes ces années de mariage heureux.

Je pensai à mes fils, maintenant adultes, qui, comme leur père, mesuraient plus d'un mètre quatre-vingt-dix désormais.

Et je me dis que ce n'était pas seulement mon mari que j'avais trompé pendant tout ce temps, mais eux également.

52

Je pris une autre enveloppe sur la table basse, qui contenait deux lettres que je n'avais jamais postées. Je les avais rédigées à l'époque où la loi sur l'adoption avait été modifiée.

Dans ces lettres, je disais à chacune de mes filles comme je les avais aimées, que je ne les avais jamais oubliées et qu'elles m'avaient toujours manqué.

« Et si un jour tu décides de me retrouver, avais-je écrit, pourrais-tu apporter les photos qui témoignent de toutes ces années que j'ai manquées, quand tu étais bébé, quand tu as commencé à marcher ? J'aimerais savoir comment tu étais pour ton premier jour d'école, ou lire un de tes bulletins scolaires pour voir si nous avons les mêmes centres d'intérêt. Tes parents, ceux que tu appelles maman et papa, ont toutes ces choses de gravées dans leur mémoire, quand mes souvenirs à moi s'arrêtent alors que tu n'avais que six semaines. Ils peuvent les contempler et s'en émouvoir à loisir, de tous ces souvenirs. Je voudrais juste les leur emprunter un court instant, pour me faire croire que ce sont aussi les miens. »

Les heures s'écoulèrent sans que je ne m'en rende compte. Ce n'est qu'en entendant la porte s'ouvrir que je réalisai que nous étions déjà en fin d'après-midi. J'entendis mon mari m'appeler, et le vis entrer dans la pièce.

— Marianne... mais qu'est-ce qui t'arrive ? me demanda-t-il en me voyant prostrée sur le canapé.

L'intonation soucieuse de sa voix me fit craquer. Des larmes de culpabilité et de honte envahirent d'un coup mon visage.

Je lui passai les lettres que j'avais écrites.

— Lis-les, lui dis-je.

Pendant quelques minutes, il n'y eut d'autre bruit que celui du papier.

— Tu as eu deux filles, demanda-t-il, pas une ?

Sa voix me sembla plus attristée qu'en colère. Mais je restai incapable de le regarder.

— Treize ans ! dit-il, l'air de ne pas y croire. Tu n'avais que treize ans quand tu as vécu ça ? Pourquoi ne me l'as-tu jamais dit ?

Je lui expliquai que j'avais trop honte, et cela depuis l'âge de huit ans. Et pour la première fois de toute ma vie, je lui exposai toute l'histoire de mon enfance, et de l'homme d'à côté. Tandis que je parlais, je sentais la colère de Bob remplir la pièce, et je me recroquevillais de plus en plus sur le canapé.

Il me posa des questions, jusqu'à ce que toute l'histoire fût claire pour lui.

— Le fumier, le foutu fumier ! fulmina-t-il en apprenant que l'homme d'à côté était le père de mes deux filles.

— Tu as peut-être eu raison de ne pas m'en parler, dit-il ensuite, car je ne sais pas ce que j'aurais pu faire à cette ordure si je l'avais appris avant.

Il me rassura rapidement sur le fait que sa colère

concernait uniquement ce qui m'était arrivé. Et il était infiniment désolé que j'aie eu à porter ce lourd fardeau si longtemps, si seule.

— Marianne, me dit-il enfin, alors que je pleurais sur le passé et pour l'avenir, écoute-moi, maintenant ! Tu n'as rien fait de mal. Tu n'étais qu'une enfant. Tu sentais peut-être que ce qui se passait était mal, mais tu ne pouvais pas comprendre pourquoi. Les enfants ne savent pas ça. Mon Dieu, tu as dû avoir si peur, et être si malheureuse ! Et tes parents n'ont rien fait pour empêcher ça ! Ton père n'était qu'une brute, et un lâche. Si ça avait été ma fille, je peux te jurer que je l'aurais tué.

C'est alors que je lui montrai la lettre de ma fille.

Nous discutâmes pendant toute la soirée. Je m'interrogeai sur ce que nos fils allaient en penser.

— Les choses ont évolué depuis le temps où tu étais petite, Marianne, me répondit-il à ce propos. Tu es leur mère, et ils t'aiment autant que moi. Rien ne pourra changer ça. Nous allons les inviter ce week-end et tout leur dire, ensemble.

Il m'embrassa et, au contact de la chaleur de son corps et de son âme, je retrouvai un sentiment de sécurité.

— Eh bien, je suppose que tu vas avoir un coup de fil un peu exceptionnel à passer demain matin.

Épilogue

J'aimerais pouvoir dire que lorsque j'ouvris la porte à ma fille et à mon petit-fils, une semaine plus tard, nous nous serions instantanément reconnues si nous nous étions croisées ailleurs. Que le lien que j'avais ressenti il y a tant d'années avait perduré. Mais ce ne fut pas le cas. Je vis simplement une jolie jeune femme sur le seuil de ma porte.

Et moi, étais-je celle qu'elle avait imaginée ? Je le lui demandai après que nous ayons discuté un moment. « Non, m'avait-elle répondu, car je t'ai toujours imaginée comme la jeune fille vulnérable de quinze ans qui avait été obligée de confier son bébé à l'assistance. »

Ma fille et moi avons discuté de toutes ces années passées, et elle me montra les photos que je lui avais demandé d'apporter lors de mon coup de fil.

Je m'étais trompée à ce sujet, car en les regardant une à une, je pris conscience que rien ne pouvait remplacer les souvenirs réellement partagés – et pour moi, ce n'étaient que les photos d'une enfant que je ne reconnaissais pas.

Je lui avouai qu'elle avait une sœur, et finis par lui dire qui était son père. Elle l'accepta sans sourciller, puisque c'était l'homme qui l'avait élevée qui était son vrai père pour elle, tout comme sa femme était sa vraie mère. La chose était un peu dure à entendre, mais je suis contente qu'elle ait réagi ainsi ; cela signifiait qu'ils l'avaient aimée, qu'ils l'avaient considérée comme leur propre enfant, et qu'elle avait été heureuse.

Quand ils quittèrent la maison, elle me promit que nous resterions en contact, et je pleurai sur cette perte irrévocable.

Bob et moi avons annoncé ensemble à nos fils qu'ils avaient deux sœurs. Leur réaction fut de demander quand ils pourraient les rencontrer.

Comme je l'espérais, Sonia me retrouva aussi et me contacta un an plus tard.

Elle était folle de joie de savoir qu'elle avait une sœur, et leur rencontre se passa merveilleusement bien.

Elle ne s'était jamais mariée, me dit-elle. Peut-être était-ce l'union peu harmonieuse de ses parents adoptifs qui lui avait soufflé cette idée. J'appris en effet avec tristesse que ma fille aînée ne s'était pas bien entendue avec le couple qui l'avait accueillie. Ils avaient déjà un certain âge au moment de l'adoption, et l'on riait peu dans leur maison.

Me rappelant ce petit bébé dans sa barboteuse bleue de garçon, j'eus l'impression qu'elle m'en tenait pour responsable. Mais peut-être n'était-ce que ma culpabilité qui parlait, car je voulais avant tout entendre que mes deux filles avaient été heureuses.

Depuis que nous avons rencontré Kathy, dont les parents adoptifs n'avaient pas changé le prénom, sa famille s'est agrandie, et je suis plusieurs fois grand-mère. Nous nous envoyons des cartes pour les anniversaires, à Noël, et nous voyons parfois.

Si elle a gardé contact avec sa sœur, Sonia a, par

contre, jugé que trop peu de choses nous reliaient pour mériter d'entretenir le lien. J'espère encore qu'elle changera un jour d'avis.

Quand Bob devine dans mes yeux que mon esprit s'envole vers mes années d'adolescence, il prend mes mains dans les siennes et me dit que tous les souvenirs ne peuvent pas être heureux.

« Mais, ajoute-t-il alors, je vais faire en sorte que les prochains le soient. »

Et c'est bien ce qu'il fait.

Remerciements

À mon mari, pour m'avoir encouragée et soutenue dans l'écriture de ce livre, mais avant tout pour m'avoir donné stabilité, sécurité, bonheur et amour.

À mes enfants également, pour leur soutien et leur compréhension, ainsi que pour toute la joie dont ils comblent ma vie. Je suis fière des hommes qu'ils sont devenus.

À ma sœur et à sa famille, qui ont été présentes auprès de moi à chaque étape de mon existence tumultueuse.

À tous mes amis, les anciens et les nouveaux, d'ici et d'ailleurs – ils se reconnaîtront. Merci à chacun de vous d'être toujours là pour moi.

À mes filles, merci de me donner la joie d'apprendre à vous connaître et de pouvoir vous serrer de nouveau dans mes bras.

Et à Barbara et HarperCollins, qui ont rendu tout cela possible.

Composition et mise en pages réalisées
par ÉTIANNE COMPOSITION
à Montrouge.

Achevé d'imprimer par GGP Media GmbH, Pößneck
en juillet 2011
pour le compte de France Loisirs,
Paris

N° d'éditeur : 64640
Dépôt légal : août 2011

Imprimé en Allemagne